EIN ORT FÜR KUNST – A PLACE FOR ART

D1670012

KREFELDER KUNSTMUSEEN · VERLAG GERD HATJE

JULIAN HEYNEN

EIN ORT FÜR KUNST
A PLACE FOR ART

LUDWIG MIES VAN DER ROHE
HAUS LANGE – HAUS ESTERS

Herausgegeben vom Fördererkreis für das Kaiser Wilhelm
Museum in Krefeld e. V. mit
Hilfe einer großzügigen Spende
der Krefelder Kulturstiftung

Published by Fördererkreis
für das Kaiser Wilhelm Museum
in Krefeld e. V. with a generous
support by Krefelder Kulturstiftung

Haus Lange, Ausstellung / exhibition »Dreißig Jahre durch die Kunst«, 1985

Ein Ort für Kunst

Orte für Kunst sind die Häuser Lange und Esters von Anfang an gewesen. Ihre Erbauer waren zugleich Sammler. An fast allen Wänden kann man noch heute die einfachen, aber funktionalen Hängeleisten entdecken, die Mies van der Rohe anbringen ließ. Dem Architekten war bewußt, daß zumal im Haus Lange zeitgenössische Bilder und Skulpturen den Innenraum wesentlich mitbestimmen, daß Kunstwerke Fixpunkte im freien Spiel der Raumvolumina, der Aus- und Durchblicke sein würden. Mit Kunst zu leben, bedeutet in diesen Häusern, die Werke nicht nur wirkungsvoll zu arrangieren, sondern sie in einem ständigen Spannungsverhältnis zur Architektur selbst zu erleben. Das unterschwellige Maß, die Ordnung und die Freiheit dieser Räume scheinen einen selbstbewußten Benutzer zu fordern, der es versteht, sich in der gegliederten Offenheit zu bewegen und zu orientieren. In ähnlicher Weise ist jedes Kunstwerk an diesem Ort nicht sich selbst überlassen, sondern unweigerlich Teil des komplexen Gefüges der einzelnen Räume, der Übergänge, des wechselnden Lichtes und der Modulationen zwischen innen und außen.

Als die Häuser noch bewohnt waren, mußten die Bilder und Skulpturen ihre Position im Verhältnis zur Architektur gegenüber den vielen Weisen des täglichen Gebrauchs behaupten. Nachdem aus den Wohnhäusern Ausstellungsinstitute geworden sind, haben sich die Verhältnisse geklärt, man könnte auch sagen: zugespitzt. Die Architektur ist auf ihre ursprüngliche, ihre reine Form zurückgeführt, und die Kunst darf ungestört die Herausforderung annehmen. Eine Art Versuchsanordnung entsteht. Die Situation ist jedoch weit entfernt von jenem ›Weißen Kubus‹, der für die Darstellung von Kunst in der Zweiten Moderne typisch geworden ist. Er gilt als optimaler, als neutraler Behälter für die Entfaltung der

A Place for Art

The Lange and Esters houses were places for art from the beginning. Their builders were collectors as well. Today one can still make out on almost every wall the simple, but functional picture rails which Mies van der Rohe had put up. The architect was well aware that, especially in the Lange House, contemporary pictures and sculptures would have a considerable influence on the interiors, that works of art would be fixed points in the free play of spatial volumes, of vistas and views. In these houses, to live with art not only meant arranging the works effectively, but experiencing them in a constant relationship of tension with the architecture itself. The subtle measure, the order and freedom of these spaces seem to demand a self-conscious user, able to move and to orientate himself in its structured openness. Likewise each work of art in this place is not left to itself, but is inevitably part of the complex organisation of individual rooms, of transitions, of changing light and of the modulations between inside and outside.

When the houses were still lived in, the pictures and sculptures had to assert their position, in relation to the architecture, against the many forms of daily use. Since the residences have become museum institutions, the situation has been clarified, one might even say intensified. The architecture has been returned to its original, pure form, and art can take up the challenge without interference. A kind of experimental set-up comes into being. The situation ist, however, very unlike the ›White Cube‹ which has become characteristic of the presentation of art in late Modernism. It is considered to be not only the very best container for the display of the works, but also a neutral one, and yet at the same time it is suspect, because it denies connections with the outside world both in the direct and the figurative sense. This is not the

Werke und steht gleichzeitig unter Verdacht, weil er die Bindungen an das Draußen im direkten und übertragenen Sinne leugnet. In den Häusern Lange und Esters ist das nicht der Fall. Immer wieder wird man, unaufdringlich, an die frühere Funktion erinnert. Die Anordnung und die Dimensionen der Räume wirken ›privat‹. Das wechselnde Tageslicht verändert die Kunstwerke. Die zahlreichen Fenster, die den Häusern von Anfang an als Bilder eingezeichnet sind, bringen das Umfeld ins Spiel. Materialien und Details erzählen von der Vertrautheit des Wohnens. Kurz: Bei aller Klärung der Räume, es bleiben Häuser, also Orte aus eigener Kraft.

Schon dieses Durchscheinen der ursprünglichen Funktion bei gewandeltem und immer wieder wechselndem Inhalt unterscheidet die Häuser von anderen Ausstellungs- und Museumsräumen. Was sie jedoch unverwechselbar macht, ist der Charakter und die Qualität der Architektur von Mies van der Rohe. Wer sich eine Aufmerksamkeit für gestaltete Räume und für das, was mit einem selbst in case in the Lange and Esters houses. Again and again, one is discreetly reminded of their earlier function. The arrangement and the dimensions of the rooms seem ›private‹. The changing daylight alters the work of art. The numerous windows, which are incised into the houses from the beginning as pictures, draw in the surroundings. Materials and details tell of the intimacy of everyday living. In short: They remain houses, that is, places in their own right, despite the clarification of the rooms.

The way the original function shines through transformed and ever changing contents already distinguishes the houses from other exhibition spaces. What makes them unique is the character and quality of the architecture of Mies van der Rohe. Anyone who remains attentive to spatial designs, and to what happens to oneself in them, feels it. Walking through the rooms and round the outside of the houses something of the Modernist ideal,

Haus Lange, Ausstellung / exhibition Richard Deacon, 1991

ihnen geschieht, bewahrt hat, spürt es: Beim Gang durch die Räume und um die Häuser herum wird etwas von der Idee der Moderne deutlich, die das Leben in dieser Neuen Zeit in eine offene Form für selbst- und weltbewußte Menschen fassen wollte. Was zwischen 1927 und 1930 geplant und gebaut wurde, und was seit 40 Jahren ein öffentlicher Ort für zeitgenössische Kunst ist, setzt über allen Wandel in unseren Anschauungen hinweg weiterhin Maßstäbe. Es sind Maßstäbe der subtilen Art, denen Rhetorik fremd ist. Der Anspruch an die Baukunst, der hier verwirklicht ist, vermittelt sich über alle Fragen nach Funktion, Technik oder Architekturgeschichte hinaus durch die Präsenz der Räume selbst, durch ihre Gliederung, ihre Lage zueinander und zur Umgebung, durch ihre Materialien. So entsteht das, was man einen Ort nennt, eine Verbindung von Hier, Jetzt und Ich, die Dauer und Offenheit zugleich besitzt.

Zwei Villen

Das Ensemble der beiden Wohnhäuser von Mies van der Rohe ist, ebenso wie seine späteren Projekte für Krefeld, ohne die Initiative, die Kenntnisse und Beziehungen von Hermann Lange nicht zu denken. Er war als bedeutender Sammler moderner Kunst die treibende Kraft bei dem Vorhaben, einen über die Fachwelt hinaus noch kaum bekannten, einen avantgardistischen Architekten mit dem Bau zweier Villen zu beauftragen. Dabei fand er in Dr. Josef Esters einen Mitstreiter. Beide waren geschäftsführende Direktoren der Vereinigten Seidenwebereien (Verseidag), der bedeutendsten Firmengruppe ihrer Art in der Textilstadt am Niederrhein. Die Familien Lange und Esters hatten schon Anfang der 20er Jahre zwei benachbarte Grundstücke östlich der Stadt an der Wilhelmshofallee erworben. Noch bestimmten Wiesen und Felder die

Mies beim Zeichnen von Haus Esters / Mies drawing Haus Esters

which wanted to set life in this new age in an open form for people aware of themselves and the world, becomes recognisable. What was planned and built between 1927 and 1930, and for 40 years has been a place for the public exhibition of contemporary art, continues to set standards despite all the changes in our views. These are standards of a subtle kind, quite without rhetoric. The demands on architecture realised here, are mediated, leaving aside all questions of function, technology or architectural history, by the presence of the spaces themselves, by their structure, by their position in relation to each other and to their surroundings, by their materials. This is how a place comes into being, a conjunction of here, now and self, which possesses permanence as well as openness.

Two Villas

As with his later projects for Krefeld, the ensemble of the two houses by Mies van der Rohe is inconceivable without the initiative, the knowledge and connections of Hermann

9

nähere Umgebung, obwohl es bereits Pläne zu einer großangelegten, gehobenen Wohnbebauung für dieses Areal gab.

Wie schließlich der Kontakt zu Mies hergestellt wurde, ist nicht völlig geklärt; es gibt jedoch eine Reihe möglicher Berührungspunkte. So könnten die späteren Bauherrn auf beruflicher Ebene auf ihn aufmerksam geworden sein. Lange und Mies waren Mitglieder des Deutschen Werkbundes und der Architekt hatte 1927 zusammen mit Lilly Reich Messestände für die deutsche Seidenindustrie entworfen. Womöglich waren aber auch die in der zeitgenössischen Kunstszene bewanderten Museumsdirektoren in Krefeld und Duisburg die Vermittler. Da sich Hermann Lange jedoch nicht nur aus geschäftlichen Gründen, sondern auch als Kunstsammler regelmäßig in Berlin aufhielt, ist eine Begegnung dort ebensogut möglich. Auf jeden Fall muß der Kontakt Ende

Haus Esters, Vorprojekt / preliminary project, 1927/1928

Lange. As an important collector of modern art, he was the driving force of the project to engage an avantgarde architect, still hardly known outside professional circles, to build the two villas. In this he had the close support of Dr Josef Esters. Both men were managing directors of the Vereinigte Seidenwebereien (United Silk Mills – usually abbreviated to Verseidag). This was the most important company group of its kind in the textile town of Krefeld on the Lower Rhine. At the beginning of the 1920's the Lange and Esters families had already acquired two adjacent plots of land on Wilhelmshofallee to the east of the city. The immediate surroundings still consisted of meadows and fields although there were already plans for a large scale expensive residential development of this area.

1927 schon bestanden haben; aus dieser Zeit datiert ein erstes Vorprojekt für Haus Esters. Die Bauarbeiten beginnen für beide Häuser erst im Oktober 1928. Im Sommer 1929 ist der Rohbau fertig, und Anfang 1930 schließlich können die Familien einziehen.

Im Jahr darauf erscheint ein Aufsatz über Haus und Sammlung Lange, in dem die zwei einzigen, jemals publizierten Aufnahmen der ursprünglichen Einrichtung zu sehen sind. 1932 dann wählt man zusammen mit dem Barcelona-Pavillon und dem Haus Tugendhat das Haus Lange für die Präsentation des Werkes von Mies auf der Ausstellung »Modern Architecture: International Exhibition« im Museum of Modern Art in New York aus. Ohne Zweifel sind der Pavillon und die Villa in Brünn von ganz besonderer Bedeutung und stellen gegenüber den ›konservativeren‹ Häusern in Krefeld einen entscheidenden Durchbruch dar. Dennoch deutet die Einbeziehung von Haus Lange in die Ausstellung auf etwas hin, das erst viel später wieder ins Blickfeld geraten sollte: Die Mittlerstellung dieser Bauten im Werk von Mies.

Danach ist es um die beiden Häuser still geworden. In der Stadt selbst waren sie

It is not entirely clear how contact was made with Mies; there are a number of possibilities. For example, the future clients could have become aware of him in a professional context. Lange and Mies have been members of the German Werkbund and, in 1927, the architect, together with Lilly Reich, had designed trade fair stands for the German silk industry. Perhaps the museum directors in Krefeld and Duisburg, who were very familiar with the contemporary art scene acted as the go-betweens. Since Hermann Lange frequently stayed in Berlin, not only for business reasons, but also as an art collector, a meeting there is equally likely. In any case, contact must have already existed before the end of 1927; an early draft for the Esters House bears that date. Construction work on both houses does not begin until October 1928. The structures are complete by summer 1929, and the families can finally move in at the beginning of 1930.

In the following year an essay on the Lange House and the collection appears, which includes the only two photographs of the origi-

Haus Lange und / and Haus Esters, ca. 1930

bekannt und wurden auch bestaunt, ja sie mögen für einige Anregung gewesen sein, sich selbst Häuser im ›modernen Stil‹ bauen zu lassen. Ins Bewußtsein einer weiteren interessierten Öffentlichkeit treten sie jedoch erst langsam wieder, als Haus Lange in den 50er Jahren Ausstellungsinstitut wird; das Haus Esters bleibt noch bis etwa 1980 mehr oder weniger im Verborgenen.

Hermann Lange zieht um 1938 nach Berlin und überläßt das Haus seinem Sohn Ulrich. Die Familien Lange und Esters bewohnen die Villen zumindest teilweise den ganzen Krieg hindurch, wobei das Haus Lange 1943 durch eine Luftmine relativ stark beschädigt wird. Das Haus Esters gelangt dann von 1945 bis 1956 in die Hände der britischen Besatzungsbehörden, während das Haus Lange ab etwa 1948 für Bürozwecke vermietet ist und in dieser Zeit die Kriegsschäden allmählich behoben werden können. 1954 bietet Ulrich Lange Paul Wem-

nal furnishings ever to be published. Then in 1932 the Lange House together with the Barcelona Pavilion (for the International Fair in 1929) and the Tugendhat House is chosen to represent Mies' work at the »Modern Architecture International Exhibition« in the Museum of Modern Art in New York. The pavilion and the villa in Brno (Brünn) are undoubtedly of very special significance for the architect's development and represent a decisive breakthrough compared to the more ›conservative‹ houses in Krefeld. Nevertheless, the inclusion of the Lange House in the exhibition points to something that would only become the focus of attention again much later: the mediating position of these buildings in Mies' work.

After that little more was heard of the two houses. They were well known in the city it-

Haus Lange, Gartenseite / garden side, ca. 1930

Haus Esters, Straßenseite / street front, ca. 1930

ber, dem Direktor des Kaiser Wilhelm Museums, das Grundstück und das Gebäude mietfrei an, um es für Ausstellungen moderner und zeitgenössischer Kunst zu nutzen. Die Stadt akzeptiert das Angebot, und so wird im November 1955 das Museum Haus Lange mit einer Ausstellung des Werkes von Henri Laurens eröffnet. Die Vereinbarung läuft bis 1966, wonach sich Ulrich Lange entschließt, das Haus der Stadt zu schenken, damit es weiterhin dem gleichen Zweck dienen kann.

Nach dem Tod von Josef Esters und seiner Frau bieten die Erben ihr Haus ebenfalls der Stadt an, die es 1976 dann auch zu günstigen Bedingungen erwirbt. Das Gebäude wird restauriert und 1981 als weiteres Ausstellungsinstitut eröffnet. Die erste Veranstaltung in beiden Häusern ist den »Villen und Landhausprojekten von Mies van der Rohe« gewidmet. Erst jetzt, wo beide öffentlich zugänglich

self and also much admired, they may even have encouraged a few others to have houses built for themselves in the ›modern style‹. However, a wider public only slowly becomes aware of them again when in the 1950's the Lange House becomes a museum institution; the Esters House remains more or less in obscurity until about 1980.

In 1938 Hermann Lange moves to Berlin and leaves the house in the care of his son Ulrich. The Lange and Esters families go on living at least partly in the villas right through the war, in the course of which, in 1943, the Lange House is relatively badly damaged by a parachute mine. From 1945 to 1956, the Esters House is in the hands of the British occupation authorities, while from 1948 the Lange House is rented out for office use during

Haus Esters, geöffneter Fensterflügel / openend wing

sind und man auch die Gartenanlagen miteinander verbunden hat, kann das Ensemble als
Ganzes wieder erlebt werden.

which time the war damage can be gradually
repaired. In 1954 Ulrich Lange offers the plot
and the house rent free to the Director of the
Kaiser Wilhelm Museum in Krefeld, Paul
Wember, to put on displays of modern and
contemporary art. The city finally accepts the
offer and so in November 1955 the Museum
Haus Lange is opened with an exhibition of
Henri Laurens' work. The agreement runs until 1966, after which Ulrich Lange decides to
present the house to the city, so that it can
continue so serve the same purpose.

After the death of Josef Esters and his wife,
their heirs likewise offer their house to the
city, which in 1976 acquires it on favourable
terms. The building is restored and is opened
in 1981 as an additional museum space. The
first event to include both houses is devoted
to the »Villas and Country Houses of Mies
van der Rohe«. Only now that both are open
to the public and the gardens have also been
joined together can the ensemble once more
be experienced as a whole

Hermann Lange – Förderer der Moderne

Hermann Lange (1874–1942), Seidenfabrikant,
Förderer moderner Kunst und langjähriger
Auftraggeber für Ludwig Mies van der Rohe,
ist trotz seines weitreichenden mäzenatischen
Engagements bis heute nur wenigen bekannt.
Geboren im rheinischen Odenkirchen zog er
mit seinen Eltern nach Krefeld, wo er 1892 das
Abitur ablegte. Nachdem er seine Ausbildung
mit Aufenthalten in England und Frankreich
abgeschlossen hatte, knüpfte er um 1900 im
väterlichen Betrieb erste Kontakte zu führenden Vertretern der Reformbewegung des
deutschen Kunstgewerbes. Richard Riemer-
schmidt, Walter Leistikow und Peter Behrens
entwarfen für die C. Lange Seidenwarenfabrik
neue Stoffmuster, die unter dem Namen

Hermann Lange – Patron of Modernism

Hermann Lange (1874–1942), silk manufacturer, benefactor of modern art and for many
years a client of Mies van der Rohe is little
known today, despite his far-reaching and
committed patronage. Born in Odenkirchen,
near the textile town of Mönchengladbach, he
moved with his parents to Krefeld, where he
passed his school leaving certificate in 1892.
He concluded his education with stays in England and France. In 1900, employed in his
father's mill, he made first contacts with leading representatives of the reform movement
of German arts and crafts. Richard Riemer-
schmidt, Walter Leistikow and Peter Behrens
designed new patterns for the C. Lange Seidenwarenfabrik, which were sold under the

»Künstlerseide« vertrieben wurden. 1919 übernahm er die Firma, die auf seine Initiative ein Jahr später mit vier weiteren traditionsreichen Krefelder Betrieben zu einer Aktiengesellschaft, der Verseidag (Vereinigte Seidenwebereien A.G.) fusioniert wurde, die er bis zu seinem Tod zusammen mit seinem langjährigen Freund Dr. Josef Esters leitete.

1929 wurde Lange Vorsitzender des Vereins Deutscher Seidenwebereien und vertrat die Interessen seiner Wirtschaftsgruppe beim Reichsverband der Deutschen Industrie. Neben seiner Mitgliedschaft in zahlreichen Aufsichtsräten und Vorständen leitete er die offizielle Delegation der Deutschen Seiden- und Samtindustrie bei der Internationalen Seidenvereinigung. Darüber hinaus wurden ihm

name of ›Artists' Silks‹. In 1919 he took over the company, which on his initiative was merged one year later with four other well-established Krefeld factories to form a limited company, the Verseidag (Vereinigte Seidenwebereien A.G. – United Silk Weaving Mills Ltd.), which, together with his longstanding friend, Dr Josef Esters, he headed until his death.

In 1929 Lange became chairman of the Association of German Silk Mills and represented the interests of his branch of industry at the Reichsverband der Deutschen Industrie (Reich Association of German Industry). Apart from a presence on numerous company boards he

Haus Lange, Halle / hall, 1930

wichtige Funktionen in der Ministerialbürokratie übertragen. Dank seiner weitreichenden Erfahrungen im internationalen Textilgeschäft wurde Lange 1917 nach Berlin berufen, um in führender Position im Kriegsministerium die gesamte deutsche Textilindustrie neu zu organisieren. Die folgenden Jahre verbrachte er überwiegend in Krefeld, bis er 1933 abermals nach Berlin ging, um schließlich im Zweiten Weltkrieg die zentrale Zuteilung sämtlicher Textilien an die Bevölkerung zu leiten.

Neben seinen geschäftlichen und administrativen Aufgaben widmete er sich dem textilen Ausbildungs- und Forschungswesen. Auf Langes Initiative wurde 1932 in Krefeld die Fachschule für textile Flächenkunst gegründet, und mit Johannes Itten und Georg Muche konnten zwei Bauhausmeister als Lehrer gewonnen werden, deren Ideal es war, Kunst, Handwerk und Industrie miteinander zu versöhnen.

Hermann Lange war jedoch nicht nur eine erfahrene und weitblickende Unternehmerpersönlichkeit, sondern ebensosehr einer der entschiedensten Förderer der Kunst seiner Zeit. Zwischen 1912 und 1942 erwarb er Gemälde, Skulpturen und Mappenwerke zeitgenössischer Künstler und besaß damit eine der qualitätvollsten und umfangreichsten privaten Sammlungen in Europa.

Den Kern seiner Kollektion bildeten Werke deutscher und französischer Provenienz, die ergänzt wurden durch Holzplastiken des Mittelalters, peruanischer Kleinplastik und Figuren der Osterinseln. Hermann Lange zählte zu den wichtigsten deutschen Sammlern der »Vier Meisterkubisten«, denen er gleichberechtigt Werke der Künstlervereinigungen »Die Brücke« und »Blauer Reiter« zur Seite stellte. Gleichermaßen galt sein Interesse den Vertretern des Bauhauses und der Worpsweder Künstlerkolonie sowie den Malern des »Sturms« und anderen Protagonisten der Klas-

also headed the official Delegation of the German Silk and Velvet Industry at the International Silk Union. In addition to that he was given important duties in the central government bureaucracy. In 1917, thanks to his extensive experience of the international textile trade, Lange was called to Berlin, and given a senior position in the War Ministry to reorganise the whole of the German textile industry. He spent the following years largely in Krefeld, until in 1933 he once again went to Berlin, where finally, during the Second World War, he took charge of the central distribution of all textiles to the population.

Aside from his business and administrative tasks, he devoted himself to textile education and research. Thanks to Lange's initiative the trade school for textile art was set up in Krefeld in 1932. Two Bauhaus masters, Johannes Itten and Georg Muche, whose ideal was the reconciliation of art, craft and industry, became teachers there.

Hermann Lange was, however, not only an experienced and foresighted entrepreneur, but equally a determined patron of the art of his time. Between 1912 and 1942 he collected paintings and sculptures as well as prints by contemporary artists, constituting one of the best and most extensive private collections in Europe.

The core was formed by works of German and French origin, plus medieval wooden sculptures, Peruvian small sculpture and figures from the Easter Islands. Hermann Lange became one of the most important German collectors of the so-called Four Masters of Cubism, with whom he ranked the painters of the »Brücke« and the »Blauer Reiter«. He was also interested in works by artists of the Bauhaus, »Der Sturm«, the group of painters at Worpswede and many other Modernists. His collection was distinguished by a sure choice

sischen Moderne. Lange besuchte regelmäßig die führenden Galerien in Deutschland und nahm am regen geistigen Austausch über Kunst und Kultur teil. Er gründete 1919 in Krefeld den Verein Neue Kunst und wurde 1929 in den Vorstand des Vereins der Freunde der Nationalgalerie in Berlin gewählt.

Geleitet von der überindividuellen Frage nach dem Menschen überhaupt, dem Übergang vom Persönlichen zum Allgemeinen, vom individuell Biographischen zum Existenziellen, war Langes Sammlung stark anthropozentrisch geprägt. Eindringliche Portraits und Figurenbilder, Gemälde religiösen, meditativen Inhalts, Landschaftsdarstellungen und Bilder, die das pulsierende Großstadtleben der Zeit widerspiegelten, machten den größten Teil seiner Sammlung aus und nicht zuletzt belegen Bellings eigenwillige Büste von Alfred Flechtheim oder Barlachs »Das Schlimme Jahr« Langes ausgeprägtes Interesse an unterschiedlichen Darstellungen vom Menschen und dem Wesen seiner Existenz.

Auf der Suche nach dem Menschenbild des 20. Jahrhunderts geht Lange auch der Frage nach, wie der moderne Mensch wohnen sollte. Als Textilfabrikant, der in der Tradition des innovativen bürgerlichen Unternehmers der Vorkriegszeit stand, suchte er den passenden Rahmen für sich und seine Sammlung. Zum Jahreswechsel 1927/28 beauftragte er Ludwig Mies van der Rohe, ein Landhaus an der Krefelder Wilhelmshofallee zu errichten. Er hatte das Grundstück bereits 1921 erworben und war seit Jahren auf der Suche nach einem geeigneten Architekten. Zuerst galt Langes Interesse um 1922 Mitgliedern der holländischen »De Stijl«-Gruppe, die sich um Theo van Doesburg gesammelt hatte. Das von van Doesburg und Cornelius van Eesteren gemeinsam entwickelte Projekt für eine Villa scheiterte jedoch aus unbekannten Gründen.

of exceptionally fine works. Lange regularly visited the leading galleries in Germany and participated in the lively intellectual exchanges about art and culture. In 1919 he founded the Verein Neue Kunst in Krefeld and in 1929 was elected to the committee of the Friends of the National Gallery in Berlin.

Guided by the question as to what consituted the human as such, by the transition from the personal to the general, and from the biographical to the existential, Lange's collection had a strongly anthropocentric orientation. Stirring portraits and figure paintings, pictures with a religious or meditative content, landscape paintings and works depicting the vibrant live of the big cities made up the largest part, while Beiling's vivid bust of Alfred Flechtheim or Barlach's »Das schlimme Jahr« (The Bad Year) confirm Lange's pronounced interest in the variety of human representations.

In his search for the human image of the 20th century Lange also pursues the question as to how the modern human being should live. As a textile manufacturer in the tradition of the innovative, civically-minded entrepreneur of the prewar period, he looked for an appropriate setting for himself and his collection. At about the beginning of 1928 he commissioned Ludwig Mies van der Rohe to build a country house on Wilhelmshofallee in Krefeld. He had already acquired the plot in 1921, and had for years been looking for a suitable architect. At first, around 1922, Lange was interested in members of the Dutch De Stijl group which had gathered round Theo van Doesburg. The plan for a villa developed by van Doesburg and Cornelius van Eesteren fell through, however, for unknown reasons.

Lange and Mies probably became acquainted with one another in 1926 as members of the German Werkbund, of which Mies became vice president in that year. Out of this con-

Lange und Mies van der Rohe haben sich vermutlich 1926 als Mitglieder des Deutschen Werkbundes kennengelernt, dessen zweiter Vorsitzender Mies im gleichen Jahr wurde. Aus dieser Konstellation entwickelte sich, wohl auf Langes Initiative, der erste Auftrag. Zusammen mit Lilly Reich, seit 1920 im Vorstand des Werkbundes, entwarf er 1926 im Auftrag des Vereins Deutscher Seidenwebereien die Sonderschau »Samt und Seide« auf der Berliner Ausstellung »Mode der Dame«. Sie markiert den Beginn der zwölfjährigen intensiven Zusammenarbeit zwischen Lange und Mies, die erst mit der Übersiedlung des Architekten nach Amerika 1938 ihr Ende finden sollte. Insgesamt acht Projekte entwarf Mies für Lange, der somit für ihn zu einem der bedeutendsten und vor allem in den dreißiger Jahren quasi zu seinem einzigen Auftraggeber wurde.

Unterschiedliche, sowohl ausgeführte als unrealisierte Entwürfe gruppieren sich um das im Zentrum stehende Haus des Sammlers: Die Ausstellung »Deutsche Seide« auf der Internationalen Ausstellung in Barcelona (1929) und die Ausstellung der Deutschen Textil- und Bekleidungswirtschaft in Berlin und Paris (1937), die Wohnung einer Tochter Langes in Berlin (1930), das Haus seines Sohnes Ulrich (1935) und der Golfclub (1930), beide in Krefeld-Traar. Für die Verseidag entstanden Fabrikationsgebäude (1931–35) und der Plan für ein neues Verwaltungsgebäude (1937–38). Unbeirrt von den veränderten politischen Bedingungen hielt Lange an den Ideen des »Neuen Bauens« fest und ließ sich auch noch nach Mies van der Rohes Emigration in den späten dreißiger Jahren von dem ehemaligen Bauhausstudenten und Mitarbeiter von Walter Gropius, Gustav Hassenpflug, ein großzügiges Anwesen auf der Berliner Insel Schwanenwerder entwerfen.

stellation came, probably on Lange's initiative, the first commission. Together with Lilly Reich, on the committee of the Werkbund since 1920, Mies designed the special show »Velvet and Silk«, at the 1926 Berlin fair »Mode der Dame« (Ladies' Fashion), for the Association of German Silk Mills. This marks the beginning of the twelve year period of intensive co-operation between Lange and Mies, which was only to come to an end with the architect's move to the United States in 1938. Mies designed a total of eight projects for Lange, who therefore became one of his most important clients and, in the 1930's, virtually his only one.

Various designs, some carried out, others unrealised, form a group around the house of the collector: The exhibition »German Silk« at the International Fair in Barcelona (1929) and the exhibition of the German Textile and Clothing trade in Berlin and Paris (1937), the apartment of Lange's daughter in Berlin (1930), the house of his son Ulrich (1935) and a golf club (1930), both in Krefeld-Traar. Factory buildings were completed for the Verseidag (1931–35), while a plan for a new administration block was not executed (1937–38). Undeterred by the changing political situation Lange stuck to the ideas of ›New Building‹, and even after Mies van der Rohe's emigration in the late 30's, had Gustav Hassenpflug, a former Bauhaus student and associate of Walter Gropius, design a large property on Schwanenwerder Island in Berlin.

The ensemble of the neighbouring Lange and Esters houses is one of the outstanding examples of the domestic architecture of Modernism and is almost unique in Germany. Here Mies succeeded in creating in almost ideal fashion, the house of a collector. The white walls served as a restrained background for the art works, and the self-contained nature

Das Ensemble der benachbarten Häuser Lange und Esters gehört zu den herausragenden Zeugnissen der Wohnhausarchitektur der Moderne und ist in seiner Gesamtheit nahezu einmalig in Deutschland. Mies ist es hier in idealer Weise gelungen, das Haus eines Sammlers zu schaffen. Das Weiß der Wände diente als zurückhaltender Hintergrund für die Kunstwerke, und die Abgeschlossenheit der Räume erlaubte dem Sammler, einzelne Gruppen von Kunstwerken unter speziellen Gesichtspunkten zusammenzustellen. Die Großformate fanden Platz in der weitläufigen Wohnhalle, wohingegen die kleineren Zimmer in ihrer Intimität z.B. den kleinformatigen kubistischen Bildern vorbehalten waren. Hermann Lange lebte inmitten seiner Sammlung, umgeben von Bildern, mit Skulpturen auf den Terrassen und im Garten – sein Haus war gleichzeitig Wohnhaus und Museum.

Langes Einsatz für moderne Kunst und Architektur und seine Tätigkeit als fortschrittlicher Unternehmer einerseits und seine Arbeit in der Ministerialbürokratie andererseits ergeben ein widersprüchliches Bild. So wenig er sich zeitlebens von den Ideen der Moderne lossagte, so selbstverständlich war es für ihn, seine Arbeitskraft vom späten Kaiserreich über die Weimarer Republik bis hin zum Nationalsozialismus den unterschiedlichen politischen Systemen gleichermaßen zur Verfügung zu stellen. Mit dem inneren Zwiespalt zwischen dem ästhetisch orientierten Mäzen und dem nach ständiger Erneuerung trachtenden Unternehmer und Regierungsberater verkörperte Lange in herausgehobener Position die Dialektik seiner Epoche.

Jan Maruhn/Nina Senger

of the rooms allowed the collector to arrange individual groups of works in particular ways. The large pieces found their place in the spacious central room, whereas the more intimate smaller rooms were reserved, for example, for the small format Cubist pictures. Hermann Lange lived in the midst of his collection, surrounded by paintings, with sculptures on the terraces and in the garden – his house was both residence and art gallery.

Lange's commitment to modern art and architecture and his activities as a progressive entrepreneur on the one hand and his work in the government bureaucracy on the other appear contradictory. If he never broke with the ideas of Modernism, it was just as natural for him to place his services at the disposal of every political system from the last years of the Empire to the Weimar Republic and National Socialism. With this inner conflict between aesthetically oriented patron and businessman constantly striving for innovation and government adviser, Lange embodied, in a prominent position, the dialectic of his epoch.

Jan Maruhn/Nina Senger

Außen und innen, innen und außen

Wer sich einem der Häuser nähert, passiert zuerst eine Öffnung in der niedrigen Backsteinmauer, die durchlaufend beide Grundstücke von der Straße absetzt, und geht dann in einem Bogen auf den Eingang zu. Die Anlage der für Autos berechneten Vorfahrt führt einen also nicht frontal auf die Fassade oder irgendeinen zentralen Punkt hin, sondern schräg an das Gebäude heran. Durch diese Perspektive wird in der ersten Annäherung die körperhafte Massengliederung betont; ein zweiter Blick wird später andere, hierzu widersprüchliche Eindrücke festhalten. Beide Häuser bilden im Osten einen vorspringenden Block aus, wo zusätzlich weit auskragende Dächer die Eingänge betonen. Von hier aus läuft eine lange, von Fensteröffnungen, aber auch nicht unwesentlich von einem Fallrohr rhythmisch gegliederte Wandfläche nach Westen. Beim Haus Lange allerdings tritt über dem Fensterband des Obergeschosses die von einem zweiten Fensterband aufgebrochene Wand hinter die Flucht zurück. Es entsteht so eine stärker kubische Gliederung mit einer gewissen Betonung der Mitte.

Die Fassade von Haus Esters dagegen wirkt viel strenger, ja mit ihrer nur zur Hälfte von Fensteröffnungen aufgelockerten, zweigeschossigen Wand beinahe etwas abweisend. Diese Backsteinwand täuscht Massivität in gewisser Weise jedoch nur vor. Technisch gesehen ist sie einem unter Verwendung zahlreicher Eisenträger errichteten, tragenden Wandaufbau vorgeblendet. Ein Detail des Mauerverbandes macht es deutlich: Über den Öffnungen fehlt die erwartete Rollschicht, die traditionellerweise den Fenstersturz bilden würde. Auch der rechte, geschlossene Wandteil hält nicht ganz, was er verspricht. Ein großes Stück der Wandfläche im Obergeschoß schließt keinen Innenraum ab, sondern nur eine weitgehend offene Ter-

Outside and Inside, Inside and Outside

Anyone coming to one of the houses, first of all passes through an opening in the low brick wall which separates the gardens of both from the road, and then follows a curving approach to the entrance. The layout of the driveway does not, therefore, lead directly towards the facade or some other central point, but leads towards the building at an angle. The perspective of this initial approach emphasises the substantial physical structure; a second look will register other impressions which contradict that. Both houses have blocks projecting at their eastern ends, on which broad protruding roofs draw attention to the entrances. From here a long wall surface stretches west, rhythmically structured not only by windows but also emphatically by a drainpipe. In the Lange House, the wall is set back behind the alignment above the band of windows on the upper storey and is itself broken by a second band of windows. The result is a forceful organisation of cubic volumes with a degree of stress on the middle section. The facade of the Esters House, on the other hand, makes a much more austere impression, indeed with only half of its two storey wall perforated by windows, the effect is almost unfriendly. To some degree, however, this brick wall only feigns solidity. From the technical point of view it screens a supporting wall frame made up of numerous iron girders. A detail on the wall bond makes this clear: Above the windows the upright course of bricks, which would traditionally form the lintel is absent. The unbroken wall to the right is not quite what it seems either. A large part of the wall surface of the upper storey does not close off any interior space, only a largely open terrace. Seen from the side, therefore, this gives the impression of a sham facade.

Passing through the small garden gate and moving further round the Esters House a sur-

rasse. Von der Seite gesehen entsteht so der Eindruck einer Scheinfassade.

Geht man nun durch das kleine Gartentor westlich um Haus Esters herum, öffnet sich eine überraschende Perspektive. Wirkte das Haus von vorne flächig und massiv, so entfaltet sich nun eine reiche plastische Gliederung mit zahlreichen Ein- und Durchblicken. Das eben erwähnte Mauerstück im Obergeschoß entpuppt sich als letzter, schmalster Ausläufer eines Baukörpers, der am anderen Ende als breiter Block ansetzt und sich in mehreren Rücksprüngen nach Westen hin verjüngt. In dieser Ansicht, die sich beim Haus Lange in etwas anders deklinierter Weise wiederholt, ist auch schon die die Innenräume bestimmende diagonale Blickachse zu ahnen.

Man befindet sich jetzt auf der nach Süden vorgelagerten Gartenterrasse und bemerkt erst

prising perspective of staggered blocks opens up. If from the front the house appeared flat and solid, now a rich plastic organisation allowing of numerous views and vistas is evident. The stretch of wall on the upper storey, just mentioned, turns out to be the final narrow continuation of a building section which starts at the far end as a broad block and tapers towards the west in a series of set backs. With this view, which is repeated in the Lange House in a slightly different declension, the diagonal axis of sight which characterises the interior spaces can already be guessed.

One now finds oneself on the south facing garden terrace and realises that the houses have been built on a bank of earth, the same height as the road, which was originally put up

Haus Esters, Straßenseite / street front

21

hier, daß die Häuser auf einer Aufschüttung errichtet worden sind, die das Niveau der einst als Damm angelegten Straße erreicht. Zum Garten hin wird die Terrasse durch eine lange Stützmauer abgegrenzt. – Die Südseite des Hauses bietet nun ein ganz anderes Bild als ihr Gegenstück zur Straße. Zahlreiche Fenster durchbrechen in einem Wechsel von regelmäßigen und freien Rhythmen die Wände. Die großen Öffnungen sind im Erdgeschoß bis auf Kniehöhe heruntergezogen, wirken jedoch noch als Ausschnitte in einer ansonsten festen Wand. In den Zeichnungen zum Vorprojekt von Haus Esters ist eine andere Lösung erkennbar. Die Gartenfront ist dort beinahe vollständig verglast und weniger durch Wandflächen als vielmehr durch schmale Stützen gegliedert. Es ist durchaus denkbar, daß hier der Bauherr Einfluß nahm und eine weniger

as an embankment. The terrace is marked off from the garden by a long retaining wall. The south side of the house presents quite a different aspect from the side facing the road. Numerous windows perforate the walls, regular rhythms alternating with free ones. On the ground floor the large openings extend down to knee level, but nevertheless still give the impression of being cutouts from an otherwise solid wall. A different solution is evident in the drawings for the preliminary stage of the project. There the wall is almost completely glazed and structured less by wall surfaces than by narrow supports. It is quite conceivable that the client intervened here, to make known his preference for a less open, more conventional solution. In the Lange

Haus Esters, Nebeneingang / side entrance

offene, konventionellere Lösung bevorzugte. Beim Haus Lange sind die Gartenfenster des Erdgeschosses übrigens nicht als mehrteilige Rahmenkonstruktion ausgebildet, sondern einteilig und mit Hilfe von Elektromotoren komplett versenkbar. Zumindest funktional ist so etwas von der ursprünglich beabsichtigten größeren Öffnung der Wand erhalten.

Die Gliederung des Obergeschosses ist in dieser Ansicht bei beiden Häusern, besonders aber beim Haus Esters relativ streng, ja im Gegensatz zu den Öffnungen im Erdgeschoß fast ein wenig mechanisch. Die Reihung der immer wieder gleichen Fenster bzw. Fenster-Tür-Kombinationen macht die funktionale Auffassung der dahinterliegenden Räume nach außen sichtbar. Die Addition gleichartiger Schlafzimmer wird an der Fassade als Ordnung erlebt, die eine gewisse Nähe zur Industriearchitektur nicht verleugnen kann. Dabei entspricht auch hier, ebenso wie an anderen Stellen, der Fassadenaufbau keineswegs immer der Inneneinteilung. Die Korrespondenz von innen und außen ist nicht grundsätzlich eindeutig und ablesbar.

Ein zentrales Merkmal der Gartenfronten sind die verschiedenen Terrassen. Sie fassen nicht nur die langgestreckten Baukörper an ihren Enden ein und gewähren von jedem der oben gelegenen Schlafzimmer einen Austritt ins Freie, sondern spielen gerade im Erdgeschoß eine besondere Rolle als Vermittlungsräume beim Übergang von innen nach außen. Man betritt die großen, an die Eßbereiche anschließenden Terrassen nicht frontal, so daß der Blick gleich auf den Garten gehen würde, sondern seitlich, nachdem man eine Art von kurzem, eher dunklen Korridor durchschritten hat. Erst allmählich, nach einer Drehung um 90 Grad, weitet sich nun der tiefe, überdachte Raum. Beim Haus Esters ist die lange Seitenwand von einem Fenster durchbrochen, das wie ein gerahmtes Bild einen Blick, aber noch keinen Zugang zum Garten vermittelt.

Haus Esters, Nebeneingang / side entrance

House, incidentally, the garden windows on the ground floor do not consist of several parts fitted into frames, but are in one piece which can be completely lowered with the help of electric motors. So functionally, at least, something of the originally intended larger opening of the wall is retained.

In this respect the appearance of the upper storey is relatively severe in both houses, though especially so in the Esters House. Indeed, in contrast to the openings on the ground floor it is almost a little mechanical. The sequence of always identical windows or window-door combinations makes the functional conception of the rooms lying behind them visible from the outside. The addition of identical bedrooms is experienced on the facade as an order which cannot deny a proximity to industrial architecture. Yet here, as elsewhere, the structure of the facade by no means always accords with the inner division.

Weiter nach vorne tretend öffnet sich schließlich der Terrassenraum nach zwei Seiten,
wobei die Bodenplatte über das Dach hinaus-
gezogen ist. Eine schmale Stahlstütze akzentuiert hier den Übergang zur Gartenterrasse.
Selbst jetzt hat man den Einfluß- und Schutz-
bereich des Hauses jedoch noch nicht vollständig
verlassen. Man kann am Gebäude entlanggehen
und erst am anderen Ende über eine kleine,
seitlich geführte Treppe nach unten in den
eigentlichen Garten gelangen. Auch der
andere, der direkte Weg geradeaus über die
breite Treppe wird jedoch von der bis unten
weitergeführten Seitenmauer des Terrassen-
raumes begleitet.
Wie bei den großen Terrassen, so erlebt man
auch an anderen Stellen immer wieder die
äußerste Sorgfalt und den Variationsreichtum
der Gestaltung der Passagen von innen nach
außen. Es sind weder abrupte Zäsuren, noch
die so oft beschworenen ›fließenden‹ Übergänge. Mies inszeniert die für seine sich gerade
in dieser Zeit voll entwickelnde Raumauffassung so entscheidenden Zonen als subtile
Folge kleiner, aber unterscheidbarer Schritte.
Wenn sich das Haus in solcher Weise wie bei
ihm öffnet, um seinen Benutzern Raum zur
freien Entfaltung zu geben, dann wird die
Balance zwischen der Definition und der Auflösung der Grenzen des Gebauten umso wichtiger. Er hält fest an der Unterscheidung von
innen und außen und schließt die selbstver-
ständliche Überwindung dieses Gegensatzes
zugleich mit ein.
Nimmt man den Gang um die Häuser wieder
auf, gelangt man schließlich an ihre Ostseite
oder konkreter: zu den Wirtschafts- und
Garagenhöfen. Hier ist zuerst das Haus Lange
von Interesse, wo ein ziemlich großer Hof
einen freien Blick auf eine dreigeschossige,
stark plastisch gegliederte, beinahe monumen-
tale Fassade gestattet. Das langgestreckte Vil-
lengebäude nimmt hier den Charakter einer
blockartigen Industriearchitektur an. Die Pla-

The correspondence between interior and exterior is not always unambiguous and deci-
pherable.
The various terraces are a central feature of
the garden fronts. They not only enclose the
elongated buildings at their extremities and
provide each of the bedrooms situated up-
stairs with an exit into the open air, but on
the ground floor especially they play an important role as mediating spaces in the transition from interior to exterior. One does not
step onto the large terrace adjacent to the
dining area frontally, so that one's gaze would
immediately be on the garden, but from the
side, after passing along a short, rather dark
corridor. Only gradually, after a ninety degree
turn, does the deep, roofed space broaden
out. In the Esters House, the long side wall is
broken by a window which, like a framed picture, allows a view but not yet any access to
the garden. Moving further forward, the terrace space finally opens out on two sides, with
the floor slab stretching out further than the
roof. A narrow steel support accentuates the
transition to the garden terrace. Even now,
however, the house's area of influence and
protection has not been completely left behind. One can walk along the side of the building and only at the far end reach the garden
proper by way of a small flight of stairs leading
down at the side. The other, direct route,
straight ahead and down the wide stairs, is also accompanied by the side wall of the terrace space which is continued right to the
bottom.
As with the large terraces, one also experiences at other points the greatest care and a
wealth of variation in the organisation of the
passages from interior to exterior. These are
neither abrupt discontinuities, nor the ›fluid‹
transitions so often invoked. Mies presents
these zones, of such importance for his conception of space, which was becoming fully
developed at just this time, as a subtle se-

zierung der unterschiedlich proportionierten Fenster und Türen scheint funktionalen Kriterien zu folgen, und die allseitige Einfassung des Platzes durch Stützmauern sondert ihn vom übrigen ab. Der Charakter einer vom Nutzen bestimmten Architektur wird jedoch von einem Motiv gleichsam klassischer, wenn auch widersprüchlicher Monumentalität überlagert. Links ist ein massiv wirkender Block vorgezogen, in dessen hochaufragende Mauer nur das sehr breite, niedrige Garagentor schneidet. Die große Wandfläche darüber schließt auch hier keinen Innenraum ab, sondern ist nichts weiter als die Rückwand bzw. die Brüstung zweier übereinanderliegender Terrassen. Und erneut sind es die eigentlich sekundären Elemente der Fallrohre, die einen entscheidenden Akzent setzen. Symmetrisch rechts und links an den Kanten des Blocks hochgezogen, wirken sie mit ihren kapitellartigen Auffangbecken unweigerlich wie Säulen. – Die Situation beim Haus Esters ist aufgrund der unterschiedlichen Zuordnung der Baukörper etwas anders, weist jedoch ähnliche allgemeine Merkmale auf. Die Garagenabfahrt weitete sich hier ursprünglich zu einem quadratischen, von Mauern umschlossenen Hof, der sich nach Osten mit drei Stufen zum Garten hin öffnete; heute sind Abfahrt und Hof durch eine Mauer mit schmalem Durchlaß getrennt. Im Vorprojekt war ein deutlich größerer Platz mit separat gesetzter Garage und Chauffeurswohnung geplant gewesen.

Der Gang um die Häuser hat schon von der äußeren Erscheinung her zahlreiche Parallelen zwischen ihnen deutlich gemacht; ihr Aufbau im Innern wird diesen Eindruck bestätigen. Über die Wiederholung bestimmter Motive und Elemente hinaus, jenseits ihrer Ähnlichkeit also, sind die Gebäude jedoch auch als Ensemble angelegt. Das ist besonders an der Straßenseite erfahrbar, wo die beiden Fassaden als

Haus Esters, Detail der Straßenseite / detail of street front

Haus Esters, Blick von der Hauptterrasse / view from main terrace

übergreifende Komposition gelesen werden können. Hat das Haus Esters mit dem weit vorgezogenen Block im Osten einen definitiven, raumbildenden Abschluß, so ist die kaum gegliederte Fassade nach Westen gleichsam offen, man könnte auch sagen: wie abgeschnitten. Sie findet ihren Halte- und Bezugspunkt erst über den Zwischenraum hinweg im stärker plastisch betonten Aufbau von Haus Lange, in der vielteiligen Ostfassade, in der mehr auf eine Mitte bezogenen Straßenfront. Die beiden Häuser antworten einander und ergänzen sich, ohne ihre Eigenständigkeit aufzugeben.

Das Spiel mit Ähnlichkeiten und Unterschieden ist auch bei den Eingängen zu beobachten. Ihre Position ist durch die Vordächer, die jeweils Haupt- und Nebeneingang zusammenfassen, eindeutig markiert. Die weiße, verputzte Kante setzt sich vom Rotbraun des Mauerwerks klar ab. Sind beim Haus Esters die beiden Türen an zwei verschiedenen Seiten

quence of small but discrete steps. If a house opens out as it does with him, in order to give its users room to develop freely, then the balance between definition and dissolution of the boundaries of the building becomes all the more important. He holds firmly to the distiction between inside and outside and simultaneously encompasses the self evident overcoming of this opposition.

Resuming the circuit of the house, the east side, or more concretely the service and garage courtyards are reached. Here it is the Lange House which is of interest first of all; a fairly large courtyard permits an unimpeded view of a three storey almost monumental facade with a strongly three dimensional character. Here the elongated villa building assumes the guise of a block-like industrial architecture. The positioning of the variously propor-

26

des östlichen Blocks getrennt voneinander angeordnet, so liegen sie beim Haus Lange unmittelbar nebeneinander. Das Makassarholz der Türblätter macht keinen Unterschied zwischen dem Eingang zu den Haupt- und Repräsentationsräumen und jenem, der in den Wirtschaftstrakt führt – allein in ihrer Breite unterscheiden sie sich.

Beim Betreten der Häuser wird man auf jeweils andere Weise ins Innere geleitet; schon dieser Auftakt bestimmt das unterschiedliche Raumerlebnis. Im Haus Lange passiert man einen recht kleinen Eingangsraum und gelangt direkt in die große, quergelagerte Halle. Heute geht der Blick ungehindert geradeaus durch den Eßbereich hindurch zu einem der breiten Gartenfenster. Schon am Eingang also wird über dieses Fenster-Bild der Kontakt zum Außenraum wieder aufgenommen. Von dort gelangt das meiste Licht in die Halle, die anson-

tioned windows and doors seems to follow functional criteria, and the containment of the courtyard inside retaining walls separates it from the remainder of the villa. However, a motif of almost classical, if also contradictory monumentality is superimposed on an architecture determined by utility. To the left a block of solid appearance is set forward; only the very low garage door is cut into its sheer wall. The large wall area above the garage does not close off any interior space here either, but is nothing more than the back wall or the parapet of two terraces one above the other. And once again it is the really rather secondary element of the drainpipes which provide a desisive emphasis. Symmetrically placed at either edge of the block, with their capital-like catch basins they undoubtedly

Haus Esters, Blick von Westen / view from the west

Haus Esters, Garagenhof / court-yard

sten durch das große Fenster nach Norden eher schwach beleuchtet wird. Im Vergleich dazu erschließt sich das Haus Esters nur schrittweise, gleichsam auf Umwegen. Man geht seitlich auf den Eingang zu, wendet sich im großzügiger angelegten, aber fensterlosen Vorraum um 180 Grad und betritt dann die Halle von der Schmalseite her. Von mehreren Seiten dringt Licht in sie ein; einen direkten Blick in den Garten wie beim Haus Lange hat man jedoch erst, wenn man sich erneut umwendet und in den Eßraum hinübergeht. Schon bei diesen ersten Schritten in beiden Häusern wird trotz aller offensichtlichen Ähnlichkeit ein unterschiedlicher Charakter spürbar. Das Innere von Haus Lange ist eher von Kontrasten bestimmt: Licht- und Schattenzonen wechseln einander ab, um den großen Zentralraum gruppieren sich kleinere Zimmer, die Grenzen zwischen den einzelnen Räumen sind merklich bestimmt. Im Haus Esters dagegen

present a pillar-like effect. In the Esters House the situation is not quite the same because of the different relationship of the elements, but displays similar general features. Here the garage exit originally widened out into a square courtyard surrounded by walls which were broken to the east by three steps leading down to the garden. Today exit and courtyard are divided by a wall with a narrow opening. At the preliminary stages a significantly larger area with a separate garage and chauffeur's apartment had been planned.

The circuit of the houses has already demonstrated numerous parallels between them as far as external appearance is concerned; their interior construction will confirm this impression. Apart from the repetition of certain motifs and elements, beyond their similarity, the buildings are also intended as an ensemble. This is especially evident on the side facing the street, where both facades can be read as overlapping compositions. If the facade of the Esters House with a block projecting at the east end has a spatially definitive ending on one side, then it's barely structured part to the west is open, so to speak, — it might almost be said, as if it had been cut off. It only finds its conclusion and point of reference across the intervening space in the more emphatically three dimensional construction of the Lange House, in the multipartite sculptural east facade, in a street front more conclusively organised around a central section. Both houses respond to and complement one another, without giving up their autonomy.

The play with similarities and differences can also be observed with regard to the entrances. Their position is clearly marked by the canopy roofs which include both main and side entrances in each case. The white edge is distinctly set off from the reddish brown of the brickwork. If in the Esters House the two doors are separate from one another on different sides of the east block, then in the

sind die Dinge weit stärker im Fluß. Die einzelnen Raumbereiche gleichen sich einander an und lassen so ein Bild größerer Einheitlichkeit entstehen.

Dieser erste Eindruck wird durch einen Blick auf die Grundrisse sowohl bestätigt wie relativiert. In beiden Fällen sind die Räume um die große, rechteckige Halle herum organisiert, wobei durchaus ähnliche Konstellationen entstehen. Das gilt etwa für die Art und Weise, wie die beiden westlich gelegenen Räume ineinandergeschachtelt sind oder für die Anordnung von Eßbereich, Terrasse und Küche am anderen Ende der Häuser. Im Hinblick auf die ursprünglichen Funktionen der Räume wird die Verwandtschaft der Grundrisse noch deutlicher. Die zentrale Lage der Hallen deutet auf ihre Rolle als Gemeinschaftsbereich der Familie sowie als Repräsentationsraum für gesellschaftliche Anlässe. Sie erweitern sich in die Eßzimmer hinein, die wiederum zu den

Lange House they are directly adjacent. The macassar wood of the doors is identical in both the entrance to the main and representative rooms and that which leads to the service quarters – they are distinguished only by their width.

On entering the houses, one is guided inside in a different manner in each; this prelude already influences the different spatial experiences. In the Lange House one proceeds through a very small entry area and comes directly to the large transversely positioned hall. Today visitors can gaze straight ahead, without interruption, through the dining area to one of the wide garden windows. Already on entry, therefore, this window-picture re-establishes contact with external space. Most light reaches the hall from there, which otherwise receives only weak light through the

Haus Lange, Straßenseite / street front

29

Haus Lange, Gartenseite / garden side, 1958

Haus Lange, Straßenseite / street front, 1958

überdachten Terrassen überleiten und an die östlich gelegenen Wirtschaftsräume angeschlossen sind. Westlich der Hallen liegen jeweils zwei Rückzugsräume für bestimmte Zwecke, das Damen- und das Herrenzimmer beim Haus Esters, ein Wohn- und wiederum ein Herrenzimmer beim Haus Lange. Die Mitte der Gartenseite wird von je einem weiteren Raum für einzelne Familienmitglieder eingenommen: ein Kinderzimmer bzw. das Zimmer der Dame. Auch die insgesamt drei Ausgänge zum Garten sind bei beiden Häusern ähnlich angeordnet.

Die heutige Aufteilung der Räume weicht an einigen Stellen vom Originalzustand ab. Das betrifft in erster Linie das Haus Lange, wo ursprünglich zwei nichttragende Holzwände die einzelnen Bereiche stärker voneinander trennten. So war die Halle gegen das Eßzimmer hin abgeschlossen, und auch der heutige freie Fluß zwischen Herren- und Wohnzimmer war durch ein Bücherregal unterbrochen. Hier

large north-facing window. The Esters House, by comparison only discloses itself step by step, in a roundabout way – so to speak. One approaches the entrance at an angle, makes a 180 degree turn in the anteroom, and then enters the hall from the narrow side. Light penetrates from several directions, but only when one turns once more and goes on into the dining area, does a view of the garden present itself such as can be experienced in the Lange House right from the start. These first steps in each house already provide evidence of their different character, for all the obvious similarities. The interior of the Lange House displays more contrasts: Zones of light and shade alternate, smaller rooms are grouped round the large, central space, the boundaries between the individual rooms are clearly marked. In the Esters House, on the other hand, things are much more fluid. The

Haus Lange, Gartenseite / garden side,

31

Haus Lange, obere westliche Terrasse / upper terrace to the west

hat es darüber hinaus eine merkliche Veränderung gegeben, als um 1950 die kleine Orgelkammer zu einem größeren Raum erweitert wurde, der in das Herrenzimmer hineinragt. Später hat dann Yves Klein in ihm seinen »Raum der Leere« realisiert.

Der allgemeine Eindruck vom Innern der Häuser ist heute nicht unwesentlich dadurch bestimmt, daß für die Nutzung als Ausstellungsraum alle Türblätter entfernt wurden. Die so wichtigen Durchblicke, die ein stufenweises, vorausschauendes Erfassen der Raumfolgen möglich machen, waren also zu Zeiten der ursprünglichen Benutzung in dieser Weise nicht möglich. Betrachtet man jedoch die Logik der Vorentwürfe und Pläne und bedenkt zudem, welche neuen, offenen Lösungen Mies gleichzeitig im Barcelona-Pavillon erreichte, dann scheint die heutige, geklärte Situation den Absichten des Architekten näher als das, was nicht zuletzt wohl auch ein Kompromiß mit den Bedürfnissen der Bauherren war. Zu dieser Klärung der Verhältnisse im Innern gehört auch die teilweise Entfernung bzw. Verkleidung von Einbauschränken, Vitrinen, Wandkonsolen oder Heizkörpern. Im großen und ganzen jedoch ist der heutige Zustand original. Das gilt für die Materialien und Farben von Böden, Wänden, Holzwerk und Fenster-

individual room areas are much more alike, thus giving rise to an appearance of greater uniformity.

This first impression is confirmed as well as relativised by a glance at the ground plans. The rooms in both cases are disposed around the large, rectangular hall, resulting in quite similar constellations. This is true, for example, of the way in which both the rooms lying to the west are fitted into one another, or of the arrangement of dining area, terrace and kitchen at the other end of the houses. The kinship of the two ground plans becomes even more obvious if the original functions of the rooms are considered. The central position of the halls points to their role as the family's shared area as well as a representative space for social occasions. They extend into the dining rooms, which in turn lead to the roofed terraces and are connected to the sercice rooms. To the west of the halls there are in each case two sitting rooms for specific purposes, the woman's room and the man's room in the Esters House, a living room and again a man's room in the Lange House. The middle of the garden side is occupied in both by another room for individual family members: a children's room or a room for the lady of the house. The total of three exits to the garden are also similarly positioned in both houses.

The current division into rooms deviates in certain respects from the original state. That applies, in the first instance, to the Lange House, where two non-supporting wooden walls originally divided the individual areas more firmly from one another. So the hall was separate from the dining room, and also the contemporary free flow between man's room and drawing room was interrupted by a bookcase. In addition there was a significant alteration around 1950 when the small organ cham-

Haus Lange, Blick von Westen / view from the west

bänken ebenso wie für zahlreiche Details wie etwa die Türgriffe oder die zylindrischen Deckenlampen. Bis auf die fest eingebauten Teile der Einrichtung stammten die ursprünglichen Möbel übrigens, von wenigen Ausnahmen abgesehen, nicht von Mies. Nach seinen Entwürfen wurden insbesondere einige Stücke für das Zimmer der Dame im Haus Lange ausgeführt, von denen der Schreibtisch erhalten ist.

Nimmt man den Rundgang wieder auf, kann man im Haus Lange durch eine der beiden symmetrisch angeordneten Türen am Kopfende der Halle in die hinteren Räume gelangen. Dort tun sich Blickachsen auf, die alle von den zahlreichen großen Fenstern bestimmt sind. Die gestaffelte Anordnung der Baukörper erlaubt Durchblicke, die ständig und mehrfach hintereinander über die Grenzen zwischen Innen- und Außenraum hinweggehen. So eindeutig man sich hier im Innern eines Gebäudes befindet, so nachdrücklich macht die Architektur diese Übergangszone zu ihrem Thema. Die entsprechenden Räume im Haus Esters haben keine innere Verbindung miteinander; dafür gibt es die schon von außen erahnte, diagonale Blickachse, die fast das ganze Gebäude vom

ber was enlarged to make a bigger room which protrudes into the man's room. Later Yves Klein realised his »Room of Emptiness« in it.

The general impression given by the interior of the houses today is considerably affected by the fact that because of use as an exhibition space all the doors were removed. Consequently the very important through views which allow a step by step, anticipatory registering of the room sequences, were not possible in this way at the time of the original occupation. However, if one considers the logic of the blueprints and plans and remembers in addition the new, open solutions Mies achieved at the same period in the Barcelona Pavilion, then today's purified situation appears closer to the architect's intentions than what was ultimately probably also a compromise with the requirements of his clients. Another aspect of this clarification of the interiors is the partial removal or masking of fitted cupboards, display cabinets, wall consoles or radiators. On the whole, however, the present condition is the original one. This is

Haus Lange, Wirtschaftshof / court-yard

Haus Lange, Detail der Gartenseite / detail of garden side

true of the materials and colours of floors, walls, woodwork and window sills as well as of numerous details such as the doorhandles or the cylindrical lamps. Incidentally, apart from the fitted parts of the furnishings, the original furniture, with a few exceptions, was not by Mies. A few pieces for the woman's room of the house in the Lange villa were executed according to his designs, of which only the desk is preserved.

If one resumes the circuit, then in the Lange House the rooms at the rear can be reached through either of the two symmetrically positioned doors at the head of the hall. There perspectives open up, which are all determined by the numerous large windows. The staggered composition of the building sections

Haus Lange, Eingangstür / front door

Zimmer der Dame bis zur großen Terrasse und durch ihr Fenster hindurch in den Garten hinaus durchmißt. Da in diesem Haus die Türen bis auf eine Ausnahme als Durchgänge ausgebildet und wie die Fenster bis zur Decke hochgezogen sind, entsteht eine Angleichung der Übergänge zwischen den einzelnen Raumbereichen sowie zwischen denen von innen nach außen. Der Außenraum ist also auch hier nicht nur in Form unterschiedlicher (Fenster-)Bilder als ein Gegenüber präsent, sondern durch die Analogie aller Grenz- und Übergangsformulierungen. Anders gesagt: Wer sich im Haus bewegt, sieht und denkt das Außen als umgebenden Raum mit, ohne je über den faktischen Unterschied hinweggetäuscht zu werden.

Aus dieser Weite und Offenheit der Erdgeschoßräume führt kein direkter Weg in die obere Etage. Die Treppenhäuser liegen an eher unauffälliger Stelle und sind auf ein Mindestmaß beschränkt. Deutlich spürt man die Trennung zwischen der Großzügigkeit der all-

gemeinen Familien- und Repräsentationsräume zur ebenen Erde und der Funktionalität der Aufreihung zahlreicher Schlafzimmer im Obergeschoß. Schon bei der Wegführung über die Treppen zeigt sich allerdings auch hier eine bewußte Inszenierung, die aus den recht engen Raumverhältnissen heraus einen spannungsreichen Übergang nach außen herstellt. Besonders gut zu beobachten ist das im Haus Lange, wo die ursprüngliche Raumaufteilung erhalten und heute – anders als beim Haus Esters – als Ausstellungsraum zugänglich ist.

Aus einem wenig beleuchteten Vorraum steigt man hier, fast wie in einem Schacht, die Treppe hoch, wendet sich auf einem knapp bemessenen Absatz um und gelangt schließlich in einen Korridor. Erst nach einer erneuten Drehung um 180 Grad steht man vor einer Brüstung und hat über das Treppenhaus hinweg einen Ausblick auf ein raumbreites Fenster nach Norden: ein auf Abstand gehaltenes Bild. Am anderen Ende des Korridors gelangt man vor eine doppelte Türsituation, die zwei scheinbar symmetrisch angeordnete Räume erschließt, welche jedoch in ihrem Aufbau

permits views which constantly and repeatedly disregard the boundaries between interior and exterior space. As unambiguously as one is here placed inside a building, the architecture equally emphatically makes this zone of transition its subject. The corresponding spaces in the Esters House are not internally linked in the same way; instead there is the diagonal perspective axis, already anticipated from outside, which traverses almost the whole building from the woman's room to the large terrace and right through the window out to the garden. Since in this house the doors, with one exception, are formed as passageways, and like the windows stretch to the ceiling a similar character to the transitions between the individual interior areas as well as to those between inside and outside results. Here too the external space is not only present in the shape of various window-pictures, but through the analogy of all boundary and transition formulations. In other words: Anyone who makes his way through the

leicht voneinander abweichen. Die Eingänge zu diesen Elternschlafzimmern bilden zusammen mit einer Verbindungstür und dem kleinen Vorraum einen eigentümlichen Dreh- und Angelpunkt, in dessen Mitte ein Türpfosten wie ein Pfeiler steht. Auch wenn das Motiv erst durch das Entfernen der Türblätter wirklich sichtbar geworden ist, so umschreibt es doch – auf engstem Raum – eine Vielzahl von Blick- und Bewegungsrichtungen, die man am Ende des Ganges als willkommene Öffnung begreift.

Der zweite, längere Korridor, der zu den Schlafzimmern der übrigen Familienmitglieder führt, hat einen etwas anderen Charakter. Er wird von einem Fensterband beleuchtet, in dem man eine gewisse Reminiszenz an Motive aus dem Schiffsbau erkennen darf, die in der Architektur der 20er Jahre nicht unbeliebt

house sees and thinks the outside as surrounding space, without ever being deceived as to the actual difference.

There is no direct route from the spaciousness and openness of the ground floor rooms into the upper storey. The stairwells are in rather inconspicuous locations and their width is restricted as far as possible. One is keenly aware of the division between the generosity of the family and representation rooms at ground level and the functionality of the string of bedrooms on the upper storey. Nevertheless even the approach by way of the stairs provides evidence of a conscious staging which creates an exciting transition out of very confined spatial proportions. This can be seen especially well in the Lange House,

Haus Lange, Halle / hall

Haus Lange, Deckenlampe / ceiling lamp

war. Auffällig ist die niedrige Deckenhöhe. Ihren funktionalen Sinn begreift man, wenn man die kleinen Vorräume betritt, die ebenso wie die von ihnen abgehenden Badezimmer über ein zweites, schmaleres Fensterband

where the original floor plan has been preserved and the upper storey is today – unlike the Esters House – accessible as exhibition space.

From an anteroom with little natural light, one climbs up the stairs, almost as in a shaft, turns on a very restricted half-landing, so arriving at a corridor. Only after another 180 degree turn is one standing in front of a parapet and has a view across the stairwell to the north through a window as wide as the room: a picture kept at a distance. At the other end of the corridor there is a pair of doors which lead to two seemingly symmetrically arranged rooms, which, however, vary slightly in their construction. The entries to these parents' bedrooms form, together with a connecting door and the small anteroom, a characteristic pivot and hub, at the centre of which a doorpost stands like a pillar. Even if the motif has really only become visible with the removal of the doors, it nevertheless paraphrases – in the smallest space – a wealth of perspectives and

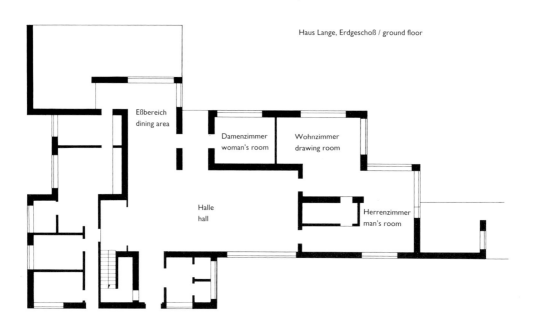

Haus Lange, Erdgeschoß / ground floor

Eßbereich
dining area

Damenzimmer
woman's room

Wohnzimmer
drawing room

Halle
hall

Herrenzimmer
man's room

oberhalb des Ganges beleuchtet werden. Der niedrige Korridor und die kleinen Vorräume spielen jedoch auch eine psychologische Rolle. Wenn man sie hinter sich hat, wirken die Schlafzimmer weit größer als sie in Wirklichkeit sind. Hierzu tragen natürlich auch die großen Fenster zum Garten bei, die jeweils fast eine ganze Wand einnehmen.

Im Obergeschoß bewegt man sich langsamer, suchend auf jene im Erdgeschoß so unmittelbar präsente, den Charakter der Architektur bestimmende Zone zu, wo Innen- und Außenraum unlösbar miteinander verzahnt sind. Erst in den einzeln gelegenen, fast zellenartigen Schlafzimmern, die jeweils Zugang zu einer Terrasse haben, wird man erneut mit dem Außenraum konfrontiert. Allerdings gilt hier ein anderer Maßstab, eine andere Perspektive; die Beziehung ist distanzierter.

Bislang war ausschließlich von den Wohn- und Repräsentationsräumen die Rede, und in der Tat sind die Wirtschaftstrakte deutlich von ihnen geschieden. Sie haben einen eigenen Ein-

Haus Lange, Halle / hall

possibilitites of movement, which are experienced as a welcome opening at the end of the corridor.

The second, longer corridor, which leads to the bedrooms of the remaining family mem-

Haus Lange, Obergeschoß / upper floor

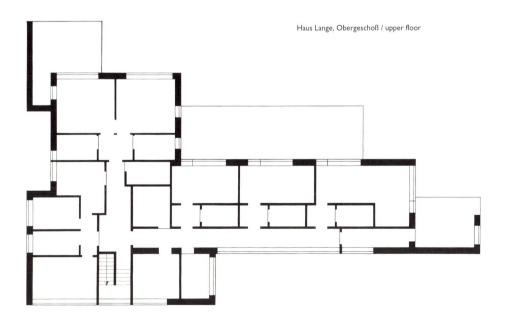

Haus Esters, Türgriff / door handle

bers, has a somewhat different character. Light falls through a band of windows, in which it is possible to recognise a reminiscence of ship building motifs, something that was popular in the architecture of the 1920's. The ceiling is conspicuously low. The functional purpose becomes comprehensible on entering the small anterooms, which like the bathrooms are lit by a second, narrower band of windows above the passageway. The low corridor and the small anterooms play a psychological role as well. Having passed through them, the bedrooms appear much larger than they really are. The large windows which here take up almost a whole wall, also, of course, make their contribution.

In the upper storey one moves more slowly and tentatively towards that zone where

gang und liegen östlich einer die Häuser gleichsam teilenden Wand. In ihrem Zentrum befindet sich eine große Küche, die über eine Anrichte direkt mit dem Eßbereich und der

Haus Lange, Bestandsplan Erdgeschoß / as-build plan of ground floor

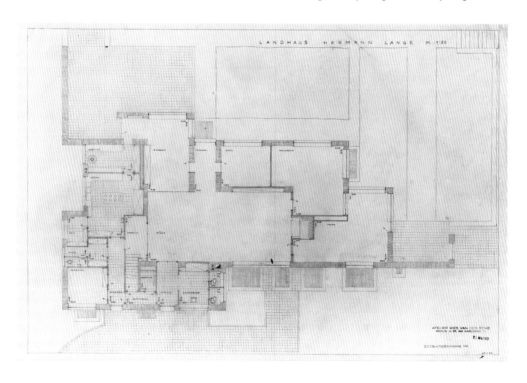

40

Terrasse verbunden ist. Die vollständige Kachelung der Wände, die vielen Wandschränke und die einfachen, aber großzügigen Ablagen, zeugen von der Funktionalität der Küchen, die auf die Versorgung und Bedienung zahlreicher Personen eingerichtet waren. Es folgen weitere Wirtschaftsräume, die ebenso wie die Arbeits- und Schlafzimmer des Personals direkt darüber in recht kompakter Weise angeordnet sind. Was schon von außen an den Hoffassaden ablesbar war, wird hier durch die Bestimmung und den Aufbau der Räume selbst bestätigt. Dieser Teil der Gebäude ist in erster Linie von praktischen Anforderungen bestimmt, und die Architektur macht das auch deutlich. Sie zwingt die unterschiedlichen Funktionen nicht in eine rigide Form, sondern verbindet sie miteinander in einem ständigen Wechselspiel von Angleichung und Differenzierung.

Haus Lange, Detail eines Fensters / detail of window

interior and exterior space are indissolubly enmeshed, which is so immediately present on

Haus Lange, Herrenzimmer / man's room

41

Haus Lange, Wohnzimmer / drawing room

Tradition und Avantgarde

Der amerikanische Architekturhistoriker Kenneth Frampton sieht in den Backsteinhäusern Mies van der Rohes aus den späten 20er Jahren, also im Haus Wolf in Guben (1925–27) sowie in den beiden Krefelder Villen, einen wichtigen »Ansatzpunkt für die Beurteilung seines Lebenswerkes«. Das mag auf den ersten Blick verwundern, stehen doch aus dieser Zeit die viel moderneren, ja avantgardistischen Bauten des Bacelona-Pavillons (1928–29) und des Haus Tugendhat (1928–30) im Mittelpunkt des Interesses. Die genannten Landhäuser wurden so auch lange Zeit von vielen Forschern eher stiefmütterlich behandelt und als weniger signifikante bzw. traditionelle Lösungen angesehen. Schon der Architekt Philip Johnson bespricht sie jedoch in seiner 1947

the ground floor and which determines the character of the architecture. Only in the individual bedrooms each of which has access to a terrace, is one confronted with the exterior space again. However, a different yardstick applies here, a different perspective; the relationship is more distanced.

Up to this point only the living and representation rooms have been discussed and indeed the service quarters are clearly divorced from them. They have a separate entrance and are situated to the east of a wall which seems to divide the houses. At their centre is a large kitchen which is directly connected to the dining area and the terrace by a pantry. The complete tiling of the walls, the many wall cupboards and the simple but generous storage spaces, bear witness to the functionality of the kitchens, which were equipped to pro-

Haus Lange, Treppe zum Obergeschoß / staircase to upper floor

erstmals erschienen Monographie im Zusammenhang mit der grundlegenden Beziehung, die Mies zum Material des Backsteins und zum Handwerk des Maurers besaß. Familientradition und frühe Ausbildung hatten ihm einen lebenslangen Respekt vor diesem Werkstoff vermittelt, und aus einer späteren Zeit ist seine zum Aphorismus zugespitzte Bemerkung: »Architektur beginnt, wenn zwei Backsteine sorgfältig zusammengesetzt werden« überliefert. Sein Projekt für ein Landhaus in Backstein (1924) etwa ist nach dem technisch moderneren für ein Landhaus in Eisenbeton (1923) entstanden und nicht umgekehrt, wie man vermutet hatte. Auch sollte man das Denkmal für Karl Liebknecht und Rosa Luxemburg (1926) erwähnen, eine freie, expressive Massenkomposition, die an den holländischen De Stijl und den russischen Konstruktivismus erinnert, jedoch in präziser, ja

Haus Lange, Vitrine im Eßbereich / wall-vitrine in the dining area

vide for and service a large number of people. There follow additional service rooms, which

Haus Lange, Herrenzimmer / man's room

ausgeklügelter, traditioneller Mauertechnik errichtet wurde. So gibt es auch für Haus Lange und Haus Esters Zeichnungen, die den Mauerverband im einzelnen, also Backstein für Backstein festhalten. Schließlich ging Mies so weit, sämtliche Maße im Haus vom Modul des Backsteins aus zu berechnen, ja die immer etwas voneinander abweichenden Dimensionen der einzelnen Steine durch eine planvolle Verteilung auszugleichen.

Die Bedeutung des Backsteinmauerwerks macht an einem Punkt die Rolle der Tradition sichtbar, die in diesen Häusern jedoch nicht ohne ihren Gegenpart, die Moderne, zu denken ist. Beides steht in einem Spannungsverhältnis, ja manchmal in einem Konflikt zueinan-

like the staff work rooms and bedrooms directly above them are arranged very compactly. What was already evident from the courtyard facades outside, is confirmed by the purpose and construction of the rooms themselves. This part of the building is governed by practical demands, and the architecture also makes that clear. It does not force the various functions into one, rigid form but links them to one another in an interplay of likeness and differentiation.

Haus Lange, Türsituation Elternschlafzimmer / doors between parents' bedrooms

Haus Lange, Schlafzimmer / bedroom

Haus Lange, Küche und Anrichte / kitchen and pantry

Haus Lange, Korridor im Obergeschoß / corridor on upper floor

Haus Esters, Erdgeschoß / ground floor

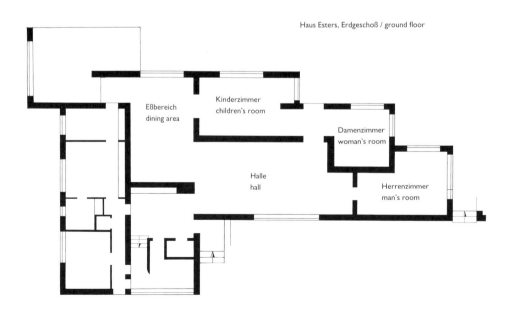

Eßbereich
dining area

Kinderzimmer
children's room

Damenzimmer
woman's room

Halle
hall

Herrenzimmer
man's room

der: »hier traditionelle Ausdrucksformen, dort Einfluß der Avantgarde« (K. Frampton). Davon, daß die Backsteinmauern bei manchen Öffnungen in den Häusern Lange und Esters ihre tragende Funktion sozusagen vortäuschen und die Statik in Wirklichkeit nur durch Verwendung von reichlich Stahl und Beton gewährleistet ist, war schon die Rede. Nur auf diese Weise jedoch sind die breiten Fensterflächen möglich, die so eindrucksvoll den Innenraum bestimmen und beim Haus Wolf in dem Maße noch nicht vorhanden waren. Mies war sich dieses Zwiespalts zwischen traditioneller Handwerkstechnik und moderner Raumauffassung bewußt und hat die Indizien keineswegs zu verbergen gesucht.

Noch wichtiger ist die Spannung zwischen Tradition und Moderne und ihre fruchtbare Auflösung für die Organisation des Raumes selbst.

Tradition and the Avantgarde

The American architectural historian Kenneth Frampton regards Mies van der Rohe's brick houses of the late 20's, that is, the Wolf House in Guben (1925–27) as well as the two Krefeld villas, as an important »starting point for an assessment of his life's work«. At first sight that may sound surprising, since the much more modern, even avantgarde buildings from this period – the Barcelona Pavilion (1928–29) and the Tugendhat House – are the focus of interest. Consequently, researchers for a long time paid little attention to the country houses just mentioned and regarded them as less significant or more traditional solutions. However, in a monograph first pub-

Haus Esters, Halle / hall

Anders als im Entwurf seines Landhauses in Backstein und anders als in den gleichzeitig entstehenden Bauten des Barcelona-Pavillons und des Haus Tugendhat gibt es bei den Krefelder Villen keinen wirklich ›freien‹ Grundriß. Die einzelnen Raumvolumina sind in sich abgeschlossen und waren ursprünglich ja auch mit Türen voneinander abgegrenzt. Wenn Mies nach seinen eigenen Worten beim Landhaus in Backstein »statt einer Reihe von Einzelräumen eine Folge von Raumwirkungen angestrebt« hatte, so wird dieses Ziel hier im wesentlichen mit visuellen Mitteln und weniger mit Hilfe der Raumdisposition selbst erreicht. Im Haus Esters und in geringerem Maße auch im Haus

lished in 1947, the architect Philip Johnson discusses them with respect to Mies' fundamental relationship to brick as a material and to the craft of the mason. Family tradition and early training gave him a lifelong respect for this material, while from a later period there is recorded his brief aphoristic observation that »architecture begins when two bricks are carefully put together«. His project for a country house in brick (1924), for example, originated after the technically much more modern one for a country house in reinforced concrete (1923) and not the other way round,

Haus Esters, Kinderzimmer und Damenzimmer / children's room towards woman's room

48

Lange ist hierbei die schon erwähnte Diagonalachse von besonderer Bedeutung. Es ist das Auge, das vorausschauend die Räume überblickt und über ihre deutlich markierten Grenzen hinweg schrittweise eine Kontinuität feststellt. Von jedem Raum aus kann man zwanglos Kontakt zum nächsten, zum übernächsten aufnehmen. Bewegt man sich jedoch in die so angezeigten Richtungen, erlebt man keinen in sich modulierten, ›fließenden‹ Einheitsraum, sondern eine Staffelung deutlich voneinander unterschiedener Raumkörper. Die Integrität der einzelnen Räume, die Wahrung ihrer bergenden Grenzen, steht als traditionelles Element jedoch in enger Verbindung

as had been assumed. The Memorial to Karl Liebknecht and Rosa Luxemburg (1926) should also be noted, a free, expressive and solid composition, reminiscent of Dutch De Stijl and Russian Constructivism, but which was built using a precise and sophisticated masonry technique. There also exist drawings for the Lange and Esters houses which put down the wall bond in detail, that is, brick by brick. Ultimately Mies went so far as to calculate all the measures in the house on the module of the brick, indeed he balanced the always somewhat variable dimensions of the individu-

Haus Esters, Eßzimmer, Kinderzimmer und Halle / dining room towards children's room and hall

mit dem Bestreben, diese Hierarchie zu öffnen oder zumindest doch zu überspielen. In den Häusern Lange und Esters hat Mies bei dem Bemühen, diese Spannung auszugleichen, eine Lösung zwischen den Extremen gefunden. Seine künstlerischen Ziele, die letztlich eine Revolutionierung der architektonischen Raumauffassung bedeuten, sind hier einen tragfähigen Kompromiß mit der Alltagstauglichkeit eingegangen. Bei den Entwürfen für das Haus Hubbe, das Haus Ulrich Lange und für die sogenannten Hofhäuser wird diese Linie weiter verfolgt.

Die Krefelder Häuser sind zusammen mit dem Barcelona-Pavillon und dem Haus Tugendhat

al stones by a most carefully computed distribution.

The importance of brick masonry demonstrates one aspect of the role of tradition which in these houses is inconceivable without its counterpart modernism. They exist in a state of tension, sometimes even of conflict: »here traditional forms of expression, there the influence of the avantgarde« (K. Frampton). It has already been pointed out that with some openings in the Lange and Esters houses, the brick walls feign, as it were, their supporting function, and in reality the load bear-

Haus Esters, Damenzimmer und Kinderzimmer / woman's room towards children's room

die einzig erhaltenen und für seine Entwicklung bedeutenden Bauten ihrer Art aus der europäischen Phase des Werkes von Mies van der Rohe. Als Ensemble von zwei ähnlichen, aber keineswegs gleichen Gebäuden geben sie Einblicke in unterschiedliche Lösungsansätze, wie es sonst nur Zeichnungen und Pläne tun. Dabei werden jene zwei Pole in besonderer Weise sichtbar, die das ganze Werk bis hin zur Neuen Nationalgalerie in Berlin (1968) bestimmen: »Die Tendenz zum räumlich unendlichen Kontinuum« und der »tiefe Respekt vor der tektonischen Tradition der Architektur« (K. Frampton). Im Erleben von Haus Lange und Haus Esters wird diese Spannung jedoch nicht

ing is only guaranteed by the use of a considerable amout of steel and concrete. Only in this way, however, are the large window surfaces possible, which characterise the interior so impressively and which were not yet present to the same extent in the Wolf House. Mies was well aware of this rift between traditional craft techniques and modern conceptions of space and did not at all try to conceal evidence of it.

The tension between tradition and modernity and its fertile dissolution is even more important for the organisation of the space itself.

Haus Esters, Eßzimmer und Kinderzimmer / dining room towards children's room

als Demonstration, als gebaute Idee, sondern als unaufdringliche Realität eines Wohnhauses faßbar. Die Ansprüche an eine brauchbare und dauerhafte Architektur bleiben dabei verbunden mit der Formulierung einer Raumauffassung, die das Selbstverständnis des Menschen betrifft. Auf subtile Weise ist diesen Häusern die Frage eingeschrieben, welches Maß an Öffnung, an Selbstbewußtsein und an Respekt

Unlike the draft for his country house in brick and unlike the Barcelona Pavilion and the Tugendhat House, the Krefeld villas do not really have a ›free‹ ground plan. The individual volumes are self contained and were originally al-

Haus Esters, Blick von der Halle zum Garten / hall towards garden

Haus Esters, Kinderzimmer / children's room

so separated by doors. If Mies, in his own words, had »been aiming at a sequence of spatial effects instead of a series of individual rooms« in his country house in brick, then here this goal is essentially achieved by visual means and less with the help of spatial disposition itself. In the Esters House and to a lesser extent in the Lange House, the diagonal axis mentioned above is of particular importance in this respect. It is the eye which oversees the spaces and anticipates and establishes a continuity step by step, despite the clearly marked boundaries. From each room it is easy to take up visual contact with the next and the one after that. However, in moving along the direction thus indicated, one does not experience the modules of a ›fluid‹ unified space, but rather a staggering of clearly distinct spaces. The traditional element of the integrity of

Haus Esters, Korridor im Oberschoß / corridor on upper floor

Haus Esters, Bestandsplan Obergeschoß / as-build plan of upper floor

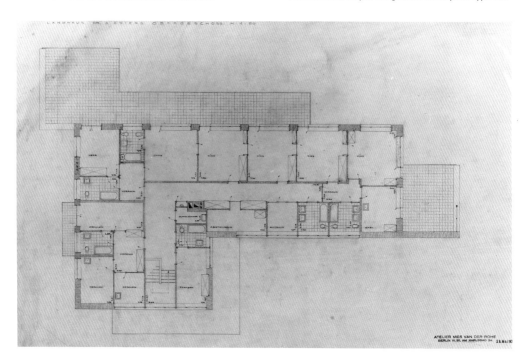

gegenüber der Welt in der Moderne möglich sein sollte.

Projekte für Krefeld

Die beiden Villen an der Wilhelmshofallee sind nicht die einzigen Projekte, die Mies für Krefeld geschaffen hat. Auch die anderen Entwürfe hängen direkt oder indirekt mit Hermann Lange zusammen. Sie sind, bis auf eine Ausnahme, nicht verwirklicht worden und stellen doch in manchen Aspekten wegweisende Etappen im Werk des Architekten dar.

Unmittelbar nach Fertigstellung der Häuser Lange und Esters wurde Mies so zu einem Wettbewerb für einen Golfclub eingeladen, der weit vor der Stadt in einem leicht hügeligen Gelände gebaut werden sollte, was jedoch nie geschah. In seinem Entwurf ebenso wie in einer schriftlichen Erläuterung legt er

the individual rooms, the safeguarding of their sheltering limits, stands in close relationship with the attempt to open out or at least overlay this hierarchy. In the effort to balance this tension, Mies found a way between the extremes in the Lange and Esters houses. His artistic aims which ultimately amount to a revolution in the architectonic conception of space, have here entered into a workable compromise with everyday utility. This aspect is continued in the plans for the Hubbe House, the house for Ulrich Lange and in the so-called courtyard houses.

As far as his development is concerned, the Krefeld houses, together with the Barcelona Pavilion and the Tugendhat House are the only surviving important buildings of their kind from the European phase of Mies van der Rohe. As an ensemble of two similar but by

Haus Esters, Herrenzimmer / man's room

no means identical buildings they provide insights into different possible solutions in a way that otherwise only plans and drawings do. This allows the two poles which determine the whole œuvre to become uniquely visible: »The tendency towards a spatially infinite continuum« and »the profound respect for the tectonic tradition of architecture« (K. Frampton). In experiencing the Lange and Esters houses this tension becomes comprehensible not as demonstration, as a built idea, but as the unobtrusive reality of a residential building. The demands made of a useful and durable architecture remain linked to the formulation of a conception of space which concerns human beings' self-perception. In these houses the question as to what measure of opening, of self-awareness and of respect towards the world should be possible in modernity is registered in subtle fashion.

Haus Esters, Treppe zur Gartenterrasse / steps to garden terrace

Haus Lange, Detail eines Aufrisses / elevation (detail), 1928

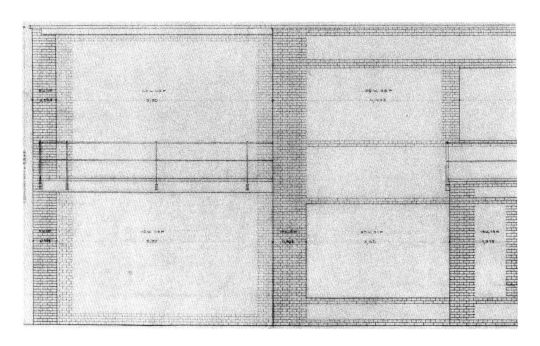

Haus Esters, Terrassentür / terrace door

Haus Esters, Fensterdurchblicke / view through several windows

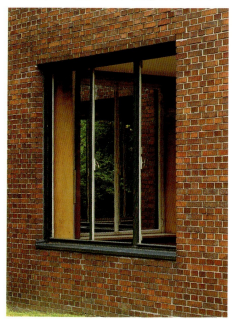

Projects for Krefeld

The two villas on Wilhelmshofallee are not the only projects which Mies created for Krefeld. The other plans are also directly or indirectly connected to Hermann Lange. With one exception they were not realised and yet in some respects represent ground breaking stages in the work of the architect.

Directly after the completion of the Lange and Esters houses, Mies was invited to take part in a competition for a golf club which was to be built in rolling countryside some distance from the city. The project, however, was never realised. In his plan, as in a written commentary, he places great emphasis on a harmonious and appropriate integration into the landscape. Just as important to him is the opening of the central recreation rooms to the outside and the clear spatial delimitation of the various functions. The low building which extends outwards on three sides, is reminiscent on the one hand of early plans like that for the country house in reinforced concrete and, with the separation of support and wall, incorporates achievements of the Barcelona Pavilion. On the other hand certain elements in the transition zone between interior and exterior point to the radical solution which Mies was ultimately to find in 1945–51 with the Farnsworth House in the USA.

Then in 1935 Mies also designs a residence for Ulrich Lange, the son of Hermann Lange, which likewise is not carried out. It is said, that the now National Socialist dominated planning department would, at best, have approved such a building, constructed according to the principles of ›New Building‹, only if it had been hidden from sight by an earth embankment. The architect thereupon declared any futher work as unacceptable. The project had gone through several stages and was conceived as a ground level building. Closed sequences of rooms are combined with an open

großen Wert auf eine harmonische und zweckmäßige Einbindung in die Landschaft. Ebenso wichtig ist ihm die Öffnung der zentralen Aufenthaltsräume nach außen und die klare Abgrenzung der einzelnen Funktionsbereiche. Die flachgelagerte Anlage, die nach drei Seiten hin teilweise weit ausgreift, erinnert einerseits an frühe Entwürfe wie das Landhaus in Eisenbeton und nimmt mit der Trennung von Stütze und Wand Errungenschaften des Barcelona-Pavillons auf. Andererseits deuten gewisse Elemente in der Übergangszone zwischen innen und außen auf die radikale Lösung hin, die Mies schließlich 1945–51 mit dem Farnsworth-Haus in den USA finden sollte.

1935 dann entwirft Mies auch für Ulrich Lange, den Sohn von Hermann Lange, ein Wohnhaus, das jedoch ebenfalls nicht zur Ausführung kommt. Es heißt, daß die nun nationalsozialistisch bestimmte Baubehörde einem solchen, nach Grundsätzen des Neuen Bauens gestalteten Haus allenfalls zugestimmt hätte, wenn es hinter einem Erdwall den Blicken entzogen gewesen wäre. Der Architekt habe daraufhin eine weitere Bearbeitung als unzumutbar abgelehnt. Das Projekt durchlief mehrere Stadien und war als eingeschossiger Flachbau angelegt. In ihm sind geschlossene Raumfolgen mit einem offenen, nach zwei Seiten hin völlig verglasten Wohnbereich kombiniert. Was diesen Entwurf jedoch besonders interessant macht, ist seine Verbindung zu den in den 30er Jahren immer wieder verfolgten Plänen für sogenannte Hofhäuser. Dem eigentlichen Haus ist auf der einen Seite ein ummauerter Wirtschaftshof angegliedert. Auf der anderen Seite schließen das L-förmige Gebäude und zwei weitere Mauern einen kleinen Garten ein, der gleichsam die Erweiterung der offenen Wohnhalle darstellt. Nur an einer Stelle ist die Umfassungsmauer unterbrochen, um einen Zugang in den übrigen Garten bzw. einen Blick in die weitere Landschaft zu gestatten. Überhaupt ist auffällig, daß sich dieser Haustyp im

living area, two sides of which are entirely glass. What makes this design especially interesting, is the relationship to plans for so-called courtyard houses which were taken up repeatedly during the 1930's. A walled service courtyard is attached to one side of the actual house. On the other side, the L-shaped building and two further walls enclose a small garden which is, as it were, an extension of the open living area. The exterior wall is broken at only one point, to allow access to the remainder of the garden as well as a view into the landscape beyond. It is noticeable, that this type of house, in contrast to the villas of the period around 1930, isolates itself from its surroundings much more. From inside, the landscape appears only as a picture in the distance.

Two further projects in Krefeld are of a quite different nature. They are a factory building and an administration block for the Verseidag. In 1931 the long two storey construction known as the HE Building is erected on the factory site; joined to it is the hall of the dyeworks with a saw-toothed and partly glazed roof. Only these two buildings are by Mies; later they were extended and heightened by the company's own building section. Mies had already expressed an interest in industrial architecture in the 1920's, but during his time in Germany could only put his ideas into practice on this one occasion. The HE Building looks very sober and rational. Apart from their height both floors are identical, and the effect of rows of identical windows on the long side is further accentuated by irregularly positioned drainpipes. The steel frame construction, filled in with pumice stone, does not provide any clues as to the interior division. It is an economical, pragmatic and yet also ›beautiful‹ container for the company's changing requirements. The multi-purpose space, which Mies was to perfect in America, is already suggested in the core of the building.

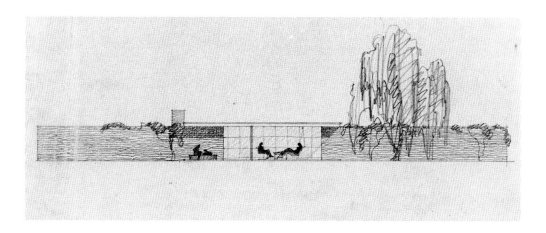

Gegensatz zu den Villen der Zeit um 1930 von der Umgebung viel stärker absondert. Die Landschaft erscheint im Innern nur als Bild aus der Ferne.

Zwei weitere Projekte in Krefeld sind von ganz anderer Art. Es handelt sich um ein Fabrikations- und ein Verwaltungsgebäude für die Verseidag. 1931 entsteht auf dem Fabrikgelände das zweigeschossige, langgestreckte, sogenannte HE-Gebäude, an das sich die shed-

Entwurf / project Haus Ulrich Lange, Krefeld, 1935

Finally in 1937 the Verseidag commissions Mies to design an administration building, a project he works on until just before his emigration to the United States in August 1938. Here once again the initiative will have been taken by Hermann Lange, who in the years af-

Entwurf Golfklub / project for a country club, Krefeld, 1930

gedeckte Halle der Färberei anschließt. Nur diese beiden Bauten stammen von Mies; später wurden sie von der firmeneigenen Bauabteilung aufgestockt bzw. erweitert. Mies hatte sich bereits in den 20er Jahren zur Industriearchitektur und zum industriellen Bauen geäußert, konnte seine Vorstellungen während seiner Zeit in Deutschland jedoch nur dieses eine Mal in die Praxis umsetzen. Das HE-Gebäude wirkt sehr nüchtern und rational. Bis auf ihre Höhe sind die beiden Stockwerke identisch, und die rein additive Reihung gleicher Fenster an der Längsseite wird nur durch unregelmäßig gesetzte Fallrohre akzentuiert. Die mit Bimssteinen ausgefachte und verputzte Stahlskelettkonstruktion läßt keine Rückschlüsse auf die Aufteilung im Innern zu. Sie ist die ökonomisch-pragmatische und doch auch ›schöne‹ Hülle für die wechselnden betrieblichen Anforderungen. Im Kern des Gebäudes ist schon jener Einheitsraum angedeutet, den Mies in Amerika zur Perfektion entwickeln sollte.

ter 1933, which were financially difficult for the architect, tried to support him in various ways. At the same time there is also discussion once more of commissions relating to exhibitions by the German silk industry.

The blueprint for the administration building shows a large and relatively complex layout with three wings, which has certain similarities with the Reichsbank project of 1933. The side-wings which are placed at a small angle to one another are connected by a slightly curved middle section. Low, generously glassed passages enclose two garden courtyards. Stilistically Mies reverts to the sober pragmatism of the HE Building and the grid-like organisation of its facade. Even under these circumstances, he creates an overall impression of dignity with a ground plan arrangement which opens out at the front and by modestly distinguishing the ends. Never-

Modell Verwaltungsgebäude / model for office building, Verseidag, Krefeld, 1938

1937 erhält Mies schließlich von der Verseidag den Auftrag, ein Verwaltungsgebäude zu entwerfen, an dem er bis kurz vor seiner Emigration in die USA im August 1938 arbeitet. Auch hierbei dürfte die Initiative wieder von Hermann Lange ausgegangen sein, der den Architekten in den für ihn ökonomisch schwierigen Jahren nach 1933 auf vielfältige Weise zu unterstützen suchte. Zur gleichen Zeit ist z. B. erneut von Aufträgen im Zusammenhang mit Ausstellungen der deutschen Seidenindustrie die Rede.

Der Entwurf zeigt eine große und relativ komplexe, dreiflügelige Anlage, die Ähnlichkeiten mit dem Reichsbank-Projekt von 1933 hat. Die etwas schräg zueinander gestellten Seitenflügel sind durch einen leicht gekrümmten Mitteltrakt verbunden. Flache, großzügig verglaste Gänge teilen zwischen ihnen zwei Gartenhöfe ab. Stilistisch knüpft Mies an die nüchterne Pragmatik des HE-Gebäudes und die rasterartige Gliederung seiner Fassade an. Durch die sich nach vorne öffnende Grundrißdisposition

theless, in contrast to his later buildings of this type, there seems to be a certain friction between industrial architecture and an almost baroque general layout.

Experimental Set-ups

In 1982, the artists Michael Asher and Daniel Buren were invited to instal parallel shows – or, rather, realise a work – one in each of the two houses. Although they did not discuss anything in advance, the two concepts both developed in ways which were very closely related to the structure of the buildings and transformed them in surprising fashion. The plans of the ground floor were the starting point. Michael Asher turned that of the Lange House around an assumed centre by ninety degrees. The resulting walls were constructed

HE-Gebäude und Färberei / HE-building and dyehouse, Verseidag, Krefeld, 1931

61

und die mit geringen Mitteln erreichte Auszeichnung der Kopfenden gewinnt er jedoch auch unter diesen Umständen einen repräsentativen Gesamteindruck. Im Vergleich mit seinen späteren Bauten dieser Art scheint es hier jedoch eine gewisse Reibung zwischen Industriearchitektur und fast barocker Gesamtanlage zu geben.

Versuchsanordnungen

1982 wurden die beiden Künstler Michael Asher und Daniel Buren eingeladen, parallel zueinander in jeweils einem der beiden Häuser eine Ausstellung einzurichten oder besser: eine Arbeit zu realisieren. Ohne sich vorher abzusprechen, entwickelten sie zwei Konzepte, die aufs engste mit der Struktur der

in wood. The clearly structured house had become a walk-through almost labyrinthine sculpture. The intervention always remained transparent – a model-like construction – and for all the seeming arbitariness of the procedure, also revealed the versatile logic of Mies' design. Daniel Buren, on the other hand, had superimposed the ground plan of the Lange House over that of the Esters House. Walls that did not coincide were erected as cloth covered paravents reaching to the ceiling. The whole house was pervaded by a kind of painting, which in surprising fashion took the institution itself as its theme, and in which both the similarity as well as the differences between the two buildings became, as it were, merged.

Haus Lange, Ausstellung / exhibition Michael Asher, 1982

Gebäude verbunden waren und sie auf überraschende Weise verwandelten. Ausgangspunkt waren die Grundrisse der Erdgeschosse. Michael Asher verdrehte denjenigen von Haus Lange auf einem angenommenen Mittelpunkt um 90 Grad und ließ die so entstandenen Wände aus Holz ausführen. Aus dem klar gegliederten Haus war eine begehbare, fast labyrinthische Skulptur geworden. Der Eingriff blieb dabei stets als modellhafte Konstruktion durchschaubar und enthüllte bei aller Willkür, die dem Verfahren innezuwohnen schien, doch auch die wandlungsfähige Logik der Räume von Mies. Daniel Buren wiederum hatte den Grundriß von Haus Lange über den von Haus Esters gelegt und alle nicht deckungsgleichen Wände als raumhohe, stoffbespannte Paravents errichten lassen. Überall durchdrang das Haus eine Art von Malerei, die auf verblüffende Weise

The conceptual grasp and the plastic manifestation of this double show demonstrates very clearly the way in which these houses repeatedly provoke artistic responses which are only possible in this place. These can assume many different forms, from a utilisation of the whole building to restrained gestures at single points, from the deliberate debate with the architectonic concept to a play with the function and the history of these villas. Even if other exhibitions do not consciously address the architecture and merely use it as the given frame, it remains ever present and has an influence on the perception of what is shown here.

In the 1950's, when art was still largely bound to frame and pedestal, the layout of the exhi-

Haus Esters, Ausstellung / exhibition Daniel Buren, 1982

63

den Ausstellungsort selbst thematisierte und sowohl die Ähnlichkeit wie die Unterschiede der beiden Gebäude gleichsam ineinsfallen ließ. Diese Doppelausstellung zeigt in ihrem konzeptuellen Zugriff ebenso wie in ihrer plastischen Erscheinung sehr deutlich, in welcher Weise die Häuser immer wieder zu künstlerischen Reaktionen herausfordern, die nur an diesem Ort möglich sind. Das kann sehr unterschiedliche Formen annehmen und reicht von der kompletten Inanspruchnahme des Gebäudes bis zu verhaltenen Gesten an einzelnen Punkten, von der gezielten Auseinandersetzung mit dem architektonischen Konzept bis zum Spiel mit der Funktion und der Geschichte dieser Villen. Auch wenn andere Ausstellungen nicht bewußt auf die Architektur

bitions is similar to the arrangements in private collections and rooms. Then in 1961, Yves Klein, in a retrospective he conceived himself, to some extent creates a type of show which was later to be called ›in situ‹. In such an exhibition works are conceived in relation to the actual place itself, in fact exist only here for the course of the show. Klein installed his »Room of Emptiness«, which has been preserved ever since, in an unused room. Ten years later Christo returned the Lange House to a kind of rough state by sticking paper over the windows and covering the floors and other architectural details. Claes Oldenburg transformed the Esters House into

Haus Lange, Ausstellung / exhibition Julio Gonzalez, 1958

64

eingehen und sie nur als gegebenen Rahmen benutzen, bleibt sie stets präsent und bestimmt die Wahrnehmung des hier Gezeigten mit.

In den 50er Jahren, als die Kunst noch weitgehend an Rahmen und Sockel gebunden war, erinnert der Aufbau der Ausstellungen an die Arrangements in privaten Sammlungen und Räumen. 1961 dann schafft Yves Klein mit der von ihm konzipierten Retrospektive ansatzweise einen Ausstellungstyp, den man später ›in situ‹ nennen sollte: Die Arbeiten sind auf den konkreten Ort hin konzipiert, ja eigentlich nur hier während der Ausstellung existent. So richtete er in einer unbenutzen Kammer seinen »Raum der Leere« ein, der bis heute erhalten ist. Zehn Jahre später versetzte Chri-

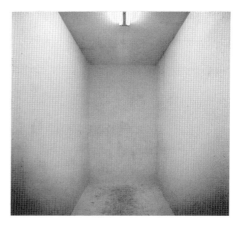

Haus Lange, Yves Klein »Raum der Leere« / »Room of Emptiness«, 1961

Haus Lange, Ausstellung / exhibition Christo, 1971

65

Haus Esters, Ausstellung / exhibition Allan McCollum, 1994

Haus Esters, Ausstellung / exhibition Claes Oldenburg, 1987

sto das Haus Lange in eine Art Roh-Zustand, indem er die Fenster mit Papier verklebte und die Böden und andere Details der Architektur abdeckte. Claes Oldenburg verwandelte Haus Esters in ein Spukhaus, in dem achtlos fort-geworfene Gegenstände ein etwas dunkles Eigenleben führten. Die Arbeitsreihe der »Drawings« von Allan McCollum bestand bereits, wurde jedoch für seine Ausstellung so erweitert, daß – wie bei einem obsessiven Sammler – alle Räume damit angefüllt werden konnten.

Auch mit einzelnen Werken haben Künstler auf bestimmte Momente des Ortes reagiert. Mario Merz etwa plazierte im Innern eine Wachsspirale, die als unaufhaltsamer organi-scher Impuls die kristalline Begrenzung des Hauses zu sprengen suchte. Als Juan Muñoz eine Figur in dem wieder mit einem Teppich ausgelegten Zimmer der Dame vors Fenster stellte, wurde der Raum zum selbstverständ-lichen Teil einer Szene. Zugleich erhielt das architektonische Motiv durch die Perspektive des Zwerges eine unerwartete emotionale Deutung. Und auch wenn ein Künstler wie Herbert Brandl nichts weiter tat, als eines sei-

a haunted house in which carelessly thrown away objects led a somewhat shady life of their own. The working series of »Drawings« by Allan McCollum already existed, but was expanded for his show so that – as with an obsessive collector – all the rooms could be filled with it.

Artists have also responded to specific aspects of the place with individual works. Mario Merz, for example, placed a wax spiral, which, as an irresistible organic impulse was intended to burst the crystalline restrictions of the house. Juan Muñoz put down a carpet again in the woman's room and placed a figure by the window, so making the room the self-evident part of a scene. At the same time the archi-tectonic motif was lent an unexpectedly emo-tional interpretation by using the perspective of a dwarf. And even if an artist like Herbert Brandl did nothing more than hang one of his abstract paintings outside on the terrace, then it happened because the building itself pro-voked such a confrontation. The reference to nature in his painting takes up the challenge of the picture of nature framed by the terrace window. Art work and architecture entered

ner abstrakten Gemälde draußen auf der Terrasse aufzuhängen, dann geschah das, weil der Bau selbst eine solche Konfrontation herausforderte. Der Naturbezug seines Bildes stellte sich dem realen Natur-Bild des Terrassenfensters. Kunstwerk und Architektur gingen eine Versuchsanordnung ein, die beider Wahrnehmung und Deutung schärfte.

Unter den weit über 200 Einzel- und Gruppenausstellungen, die in den letzten 40 Jahren in Haus Lange und Haus Esters stattfanden, ließen sich zahlreiche weitere Beispiele für diese gegenseitige Durchdringung, Ergänzung und Erhellung von Kunstwerk und Ausstellungsort finden. Gleichgültig, ob solch eine Verbindung bewußt herbeigeführt wurde oder nicht, die Begegnung mit Kunstwerken ist in

into an experimental relationship which sharpened the perception and interpretation of both.

Among the well over 200 individual and group exhibitions which have taken place in the Lange and Esters houses since 1955, many more examples of this fusion, supplementing and illumination of art work and place of exhibition could be mentioned. Whether such a conjunction was brought about deliberately or not, the encounter with works of art in these houses is usually marked by a special quality, even intimacy. The restrictions of space, together with the relaxed attentiveness which the architecture allows, move things closer to

Haus Lange, Ausstellung / exhibition »Che fare?«, 1981 (Mario Merz)

Haus Lange, Zimmer der Dame (originale Einbauten) / woman's room (original build-in elements)

the viewer. On the one hand that is sometimes not only a limitation from a practical point of view; the houses offer no all-purpose rooms. On the other hand, points of intersection can arise, at which works and reality interrogate one another. A place develops, where the work of art does not appear only as object, as illustration, as expression, but has the possibility of entrusting itself to reality, ie of elucidating and stimulating awareness of something in it, which would otherwise be overlooked. If that happens, the viewer in a way becomes an actor, who conscious of self and the world experiences new insights and relationships. That is a profoundly modern claim, one that was also formulated by the architecture of Mies van der Rohe. Here, however, it manifests itself not as world view or utopia, but unfolds almost casually, step by step, glance by glance, thought by thought in the rooms themselves. Perhaps that is what the artist Bethan Huws meant, when after her exhibiton in the Esters House, she noted: »You cannot feel anything here, it's a place that thinks.«

diesen Häusern meist von einer besonderen Präsenz, ja Intimität geprägt. Die begrenzten Raumverhältnisse ebenso wie die entspannte Aufmerksamkeit, die die Architektur gestattet, rücken die Dinge näher an den Betrachter heran. Das ist einerseits nicht nur in praktischer Hinsicht machmal eine Beschränkung; die Häuser bieten keine Allzweckräume, in denen alles möglich ist. Andererseits können so Schnittstellen entstehen, an denen sich Werke und Wirklichkeit gegenseitig befragen. Es bildet sich ein Ort, wo das Kunstwerk nicht allein als Gegenstand, als Illustration oder als Ausdruck erscheint, sondern die Möglichkeit hat, sich der Wirklichkeit anzuvertrauen, d.h. etwas in ihr selbst zu Anschauung und zu Bewußtsein zu bringen, was sonst übersehen würde. Geschieht das, wird der Betrachter in gewisser Weise zu einem Handelnden, der selbst- und weltbewußt neue Einsichten und Zusammenhänge erfährt. Das ist ein zutiefst moderner Anspruch, wie ihn auch die Baukunst von Mies van der Rohe formuliert. Er tritt hier jedoch nicht als Weltanschauung oder Utopie auf, sondern entfaltet sich beiläufig, Schritt für Schritt, Blick für Blick, Gedanke für Gedanke in den konkreten Räumen selbst. Vielleicht hat das die Künstlerin Bethan Huws gemeint, als sie nach ihrer Ausstellung in Haus Esters notierte: »Fühlen kannst Du hier nichts, es ist ein Ort, der denkt.«

Haus Lange, Ausstellung / exhibition Ernst Caramelle, 1990

Ludwig Mies van der Rohe

Am 27. März 1886 wurde Ludwig Michael Mies in Aachen geboren. Während seiner Schulzeit half er in der väterlichen Steinmetzwerkstatt, begann fünfzehnjährig eine Maurerlehre, lernte dann als Zeichner bei einem Innendekorateur und in zwei Aachener Architekturbüros.

1905 übersiedelte Mies nach Berlin. Er arbeitete im Büro von Bruno Paul, als er seinen ersten Bauauftrag erhielt. Das 1907 fertiggestellte Haus Riehl galt zwar nicht als innovativ, wurde aber als mustergültige und fehlerlose Architektur anerkannt. Anschließend wechselte er in das Büro von Peter Behrens. In dieser Zeit der großen Diskussion um das moderne Bauen (auch Walter Gropius war bei Behrens beschäftigt) kristallisierte sich seine Vorliebe für das Werk von Karl Friedrich Schinkel, Hendrik Petrus Berlage und Frank Lloyd Wright heraus. Als ein Entwurf von Behrens für ein Bauprojekt der Eheleute Kröller-Müller in Holland verworfen und Mies stattdessen damit betraut wurde, kam es zur Trennung von Lehrer und Schüler. 1912 eröffnete Mies sein eigenes Architekturbüro in Berlin. Um diese Zeit änderte er seinen Namen durch die Anfügung des Mädchennamens seiner Mutter in Mies van der Rohe.

Zwischen 1921 und 1924 trat Mies mit fünf außergewöhnlichen, visionären Entwürfen in Erscheinung. Die beiden Hochhäuser aus Glas, das Bürohaus in Eisenbeton und die Landhäuser in Eisenbeton und in Backstein markierten seine radikale Entscheidung für eine neue Architektur mit zeitgemäßen Materialien. Gleichzeitig gab er mit van Doesburg, Hans Richter und El Lissitzky 1923 die Zeitschrift »G« heraus, in der sie den radikalen Bruch mit den Traditionen propagierten. Als seine ersten Umsetzungen der neuen Idee vom Bauen entstanden 1926 ein Wohnblock in Eisenbeton

Ludwig Mies van der Rohe

Ludwig Mies van der Rohe was born in Aachen on 27th March 1886. While still at school he helped in his father's stonemason's workshop; at fifteen he began an apprenticeship as a stonemason and then trained as an draughtsman with an interior decorator and in two Aachen architects' offices.

In 1905 Mies moved to Berlin. When he received his first commission he was working in Bruno Paul's office. The Riehl House, which was completed in 1907, was not considered to be innovative, but was nevertheless recognised as exemplary and flawless architecture. Subsequently he went to the office of Peter Behrens. At this period of great discussion about modern building (Walter Gropius was also employed at Behrens) a particular preference for the work of Karl Friedrich Schinkel, Hendrik Petrus Berlage and Frank Lloyd Wright developed. When a design by Behrens for the Kröller-Müller couple in Holland was rejected and Mies was entrusted with it instead, teacher and pupil parted company. In 1912 Mies opened his own architect's office in Berlin. Around this time he changed his name to Mies van der Rohe, by adding his mother's maiden name.

Between 1921 and 1924 Mies attracted notice with five extraordinary and visionary designs. The two glass skyscrapers, the office building in reinforced concrete and the country houses in reinforced concrete and in brick marked his radical commitment to a new architecture with contemporary materials. At about the same time, in 1923, together with van Doesburg, Hans Richter and El Lissitzky, he published the magazin »G«, which propagated a radical break with traditions. His first efforts at putting the new idea of building into practice were, in 1926, an apartment block in rein-

Hochhaus aus Glas, Modell / glass skyscraper, model, 1920/21

(Afrikanische Straße, Berlin) und 1927 ein Landhaus in Backstein (Haus Wolf in Guben).

1925 erhielt Mies die künstlerische Leitung der Werkbundausstellung zum Thema »Modernes Wohnen« in Stuttgart-Weißenhof. Dazu versammelte er die maßgeblichen europäischen Vertreter des Neuen Bauens. Ziel war die Förderung experimenteller Konstruktionsverfahren, die sowohl die Vielfalt der Bedürfnisse der Bewohner berücksichtigen, den ökonomischen Tatsachen entsprechen, als auch gute Baukunst ermöglichen sollten. Mit dem Erfolg der 1927 fertiggestellten Weißenhofsiedlung erlangte Mies internationale Anerkennung.

1928 entwarf er Haus Esters und Haus Lange in Krefeld, für die ursprünglich mehr Glasfronten und eine freiere Raumaufteilung geplant waren. Verwirklicht wurde die offenere Grundriß- und Fassadengestaltung beim ebenfalls

forced concrete (Afrikanische Strasse, Berlin) and in 1927 a country house in brick (Wolf House in Guben).

In 1925 Mies was made artistic director of the Werkbund exhibition »Modern Living« in Stuttgart-Weissenhof. For it he assembled the leading European representatives of ›New Building‹. The aim was the encouragement of experimental construction methods, which were to take into account both the range of residents' demands and the hard facts of economics as well as make good architecture possible. With the success of the Weissenhof scheme, completed in 1927, Mies won international recognition.

In 1928 he designed the Esters and Lange houses in Krefeld, for which more glass fronts and a more free arrangement of rooms had originally been planned. A more open ground

Apartmentgebäude / apartment buildings, Lake Shore Drive, Chicago, 1948–1951

1928 begonnenen Haus Tugendhat in Brünn. Noch bevor Tugendhat fertiggestellt war, errichtete Mies den deutschen Pavillon auf der Weltausstellung in Barcelona 1929. Erstmals lag hier die Dachplatte auf einem Stützenraster, wodurch sich tragende Wände erübrigten. Die Wandflächen waren hauptsächlich aus Glas und kostbarem Stein, Innen- und Außenraum gingen durch verlängerte Wände und Dachpartien fließend ineinander über. Raum war hier nicht mehr eingefaßtes Volumen, sondern freie Zirkulation von Bereich zu Bereich. Das gleiche Prinzip wendete Mies auch im Haus Tugendhat an und bewies damit, daß seine Baukunst bewohnbar war.

1930 übernahm Mies die Leitung des Dessauer Bauhauses, das er 1932 nach Schließung durch die Nationalsozialisten nach Berlin verlegte, wo es 1933 endgültig geschlossen wurde. In den dreißiger Jahren blieben die meisten Aufträge im Entwurfsstadium. Die wichtigsten Entwürfe der Zeit galten Überlegungen zu verschiedenen Hofhäusern.

1938 emigrierte Mies nach Amerika. Er erhielt die Leitung der Architekturabteilung am Illinois Institute of Technology (IIT) in Chicago und den Auftrag zur Gestaltung des Hochschulcampus. Die neuen Gebäude, einfache Kuben mit Stahlskelett und Backstein- sowie Glasausfachung, orientierten sich vorwiegend an der modernen Industriebauweise.

1946 errichtete Mies Haus Farnsworth in Plano, Illinois. Die Konstruktion beschränkt sich auf Dach- und Bodenplatte, die seitlich an Stahlstützen aufgehängt sind und so durchgehende Glaswände ermöglichen. Hier hatte er nach der Vermeidung von tragenden Wänden den Innenraum auch von den Stützen befreit. Als Ergebnis erhielt er einen durchsichtigen Glaskubus.

Mit den Lake Shore Drive Apartments 860–880 in Chicago (1948–51), den ersten

plan and facade were realised in the Tugendhat House in Brno (Brünn) also begun in 1928. Even before Tugendhat was complete, Mies built the German Pavilion at the 1929 World Fair in Barcelona. Here the roof slab was for the first time placed on a grid of supports, so that load-bearing walls became superfluous. The wall surfaces were mainly of glass and expensive stone, a fluid movement between interior and exterior space was created by means of extended walls and roof sections. Here space was no longer a contained volume, but free circulation from area to area. Mies applied the same principle in the Tugendhat House and demonstrated that his architecture was habitable.

In 1930 Mies took over the direction of the Dessau Bauhaus, which he transferred to Berlin in 1932 when the Nazi-dominated regional government shut it down. It was finally closed in 1933. In the 1930's most commissions got no further than the drawing-board. The most important plans of the period were for various courtyard houses.

In 1938 Mies emigrated to America. He was placed in charge of the Architecture Department at the Illinois Institute of Technology (IIT) in Chicago and was commissioned to design the high school campus. The new buildings, simple cubes with steel frames filled out with brick and glass took their bearings from modern industrial building techniques.

In 1946 Mies built the Farnsworth House in Plano, Illinois. The construction was restricted to roof and floor slabs which are laterally suspended from steel supports, making possible the use of glass for all walls. Here, after the dispensing with load-bearing walls, he had also got rid off supports from the interior. The result was a transparent glass cube which almost eliminated the transition between inside and outside space.

Barcelona-Pavillon, 1929

Stahl-Glas-Hochbauten, leistete Mies anschließend einen der wichtigsten Beiträge zur modernen Hochhausarchitektur. Die Wohntürme bestehen aus einem sichtbaren Raster von Stahlträgern, das mit Glas ausgefacht wurde (curtain-wall). Die tragende Konstruktion war gleichzeitig einziges gestalterisches Element der Fassade. Die ökonomische Statik der Stahlkonstruktion führte Mies zu einer weiteren Neuerung mit dem Seagram Building (1954–58), wo er in der Enge der New Yorker Straßenschluchten ausreichend Raum für einen freien Platz vor dem Gebäude freihalten konnte.

Den nächsten Meilenstein setzte Mies mit der Crown Hall (1950) auf dem IIT-Campus. Den mit Haus Farnsworth gewonnenen stützenfreien Innenraum vergrößert er hier auf ein Maß von etwa 36 × 67 Meter, indem er die Decke unter Stahlbinder hängt, die seitlich von Stahlstützen getragen werden. Damit hatte er

Following that, Mies made one of the most important contributions to modern skyscraper architecture with the apartments at 860–880 Lake Shore Drive in Chicago, his first tall steel and glass buildings. The apartment towers consist of a visible grid of steel supports faced only with glass (curtain wall). The load-bearing construction was at the same time the sole design element of the facade. The economical statics of the steel construction led Mies to make a further innovation with the Seagram Building (1954–58), where in the confines of the narrow New York streets he was able to reserve sufficient space in front of the building for an open square.

Another milestone was Crown Hall (1950) on the IIT campus. With the Farnsworth House, Mies had created an interior free of suppor-

den bislang größten, freitragenden Raum geschaffen. 1957 entwarf er dann einen neuen Typ der »großen Halle«, der 1968 mit der Neuen Nationalgalerie in Berlin gebaut wurde. Hier liegt die starre Dachplatte an jeder Seite auf zwei Stützen. Die Glaswand ist unter das Dach zurückgesetzt. Auf dem erhöhten Podest, unter dem der Rest des Museums unsichtbar angelegt ist, wirkt die Halle wie ein griechischer Tempel, klassisch in Proportion und Erscheinung. Am Ende seines Lebens ist Mies die Synthese von klassischer Baukunst und zeitgenössischer Technik gelungen.

Am 19. August 1969 starb Ludwig Mies van der Rohe in Chicago.

Silke Johannes

ting members. Now he enlarged the space to a scale of 120 by 220 feet, suspending the ceiling from steel joists laterally borne by steel supporting columns. With that he had created the largest clear-span space up to that time. Then in 1957 he designed a new version of the ›large hall‹, which was finally constructed in 1969 in Berlin as the New National Gallery. Here the rigid roof slab rests on two supports on either side. The glass wall is set back from the roof. On its raised platform, under which the rest of the museum layout is invisible, the hall is like a Greek temple, classical in its proportions and appearance. At the end of his life Mies succeeded in achieving the synthesis of classical architecture and contemporary technology.

Ludwig Mies van der Rohe died in Chicago on the 19th August 1969.

Silke Johannes

Literaturhinweise / further reading

Philip C. Johnson: Mies van der Rohe. New York 1953, dt. Stuttgart 1956

Mies Reconsidered: His Career, Legacy, and Disciples. Ausstellungskatalog/exhibition catalogue, The Art Institute of Chicago, 1986, dt. Stuttgart 1987

Fritz Neumeyer: Mies van der Rohe – Das kunstlose Wort, Gedanken zur Baukunst. Berlin 1986

Franz Schulze: Mies van der Rohe – A Critical Biography. Chicago/London 1985, dt. Berlin 1986

David Spaeth: Mies van der Rohe. New York 1985, dt. Stuttgart 1986

Wolf Tegethoff: Mies van der Rohe – Die Villen und Landhausprojekte. Krefeld/Essen 1981, engl. New York/Cambridge, MA 1985

Haus Lange, Ausstellung / exhibition Juan Muñoz, 1991

© Krefelder Kunstmuseen, Künstler und Autoren / artists and authors 1995

© 1995 für die Abbildungen von Joseph Beuys, Daniel Buren, Julio Gonzalez, Yves Klein und Juan Muñoz bei VG Bild-Kunst, Bonn 1995

Herausgeber/editor:
Julian Heynen

Texte/texts:
Julian Heynen, Silke Johannes (S. 14–19), Jan Maruhn/Nina Senger (S. 70–74)

Übersetzung/translation:
Martin Chalmers

Fotos/photo credits:
Volker Döhne, Krefeld; Hein Engelskirchen, Krefeld; Shunk-Kender, New York; The Museum of Modern Art, New York; archithese, XIII, 3, 1983; P. C. Johnson: Mies van der Rohe, New York 1953; Museum der Gegenwart, I, 4, 1931; D. Spaeth: Mies van der Rohe, Stuttgart 1986; W. Tegethoff: Mies van der Rohe – Die Villen und Landhausprojekte, Essen 1981

Gestaltung/design:
Volker Döhne

Gesamtherstellung/printer:
Dr. Cantz'sche Druckerei, Ostfildern

Erschienen im/published by:
Verlag Gerd Hatje

ISBN 3-7757-0589-9

Printed in Germany